作る！
超リアルなジオラマ

材料探しから作品発信まで完全マスター

情景師アラーキー

誠文堂新光社

「これ、どうやって作ったの？」
そんなふうに思ったあなたと
思わせてみたいあなたへ

自然豊かなこの日本において、わざわざ縮小した自然を盆の上に作り、
それを手元に置いていつまでも眺めていたいと考える「盆栽」の発想は、
小さくて緻密なものに魅了される日本人的感性の原点と言えます。

私がジオラマを作るきっかけも、
「枯れずにいつまでも眺めていられる
盆栽のようなミニチュア世界を作りたい！」
と子供の頃に思ったことでした。

「ジオラマ」は、明治期にフランスから伝わった、
写真を立体的に配置して眺めるミニチュア表現方法です。

ジオラマは、世界的に歴史が長い、ドールハウスや、
鉛の兵隊を並べた遊び＝ミニチュア・ウォーゲーム、
鉄道模型、ミニカーやプラモデルを配置したものなど、
あらゆる分野＆スケールを内包しながら発展してきました。

小さくて緻密にできたものに対しては、
「これ、どうやって作ったの？」と、
誰もが共通する疑問が沸き上がります。

この本では、私が今まで手がけたジオラマ作品を、
客観的に分類・分析し、その作り方を紹介していきます。
「ジオラマ作りの教科書」というほどのおおげさな狙いではありませんが、
作りたい人には参考として、それ以外の人には、
まるで自分が作ったような感覚で楽しんで頂ければ嬉しいです。

情景師 アラーキー　荒木智

CONTENTS

《情景①》

カブトムシ

国道添いにある農家の納屋の傍らに、
その車は静かに佇んでいた。
村で初めて走った海外の車だと、
それはそれは注目を浴びた空色のアイツ。
東京に出て行ったご主人様である、
農家の跡取り息子の帰りを、
その場所で長い間待っているのです。

Close Up

《情景❶》カブトムシ

1

3

2

5

4

2 4 iPhone 6で撮影

1 納屋、ホーロー看板、牛乳缶。そのシーンがどんな場所なのかわかるアイテムをちりばめて、見た人の想像力をかき立てる。

2 外れたボンネットから錆びたエンジンが見える。作品が緻密に感じられる演出。

3 ホーロー看板は旅の途中や画像検索で見つけた写真を印画紙にプリントしたもの。フチを指で曲げて、ホーロー看板のチープな金属の質感を演出。

4 白いライン入りタイヤは昭和を感じさせるアイテム。筆で塗り、カッターで亀裂を。大型トラックの中古ミニカーなどをヤフオクやフリーマーケットで手に入れ、タイヤ欲しさにストックを。

5 家の目の前の道端で拾ってきた小石と砂を、木工ボンドで固定した地面。大小入り混じった地面の感じは大切なポイント。

6 撮影は、家から1分の近所の畑にて。借景として本当の木を背景に入れて撮影。陽の入り方を調整して、車にジオラマの木の影を入れるのも演出の1つ。

借景に本物の木。
太陽光のリアルな陰。

6

Explain

《情景❶》カブトムシ

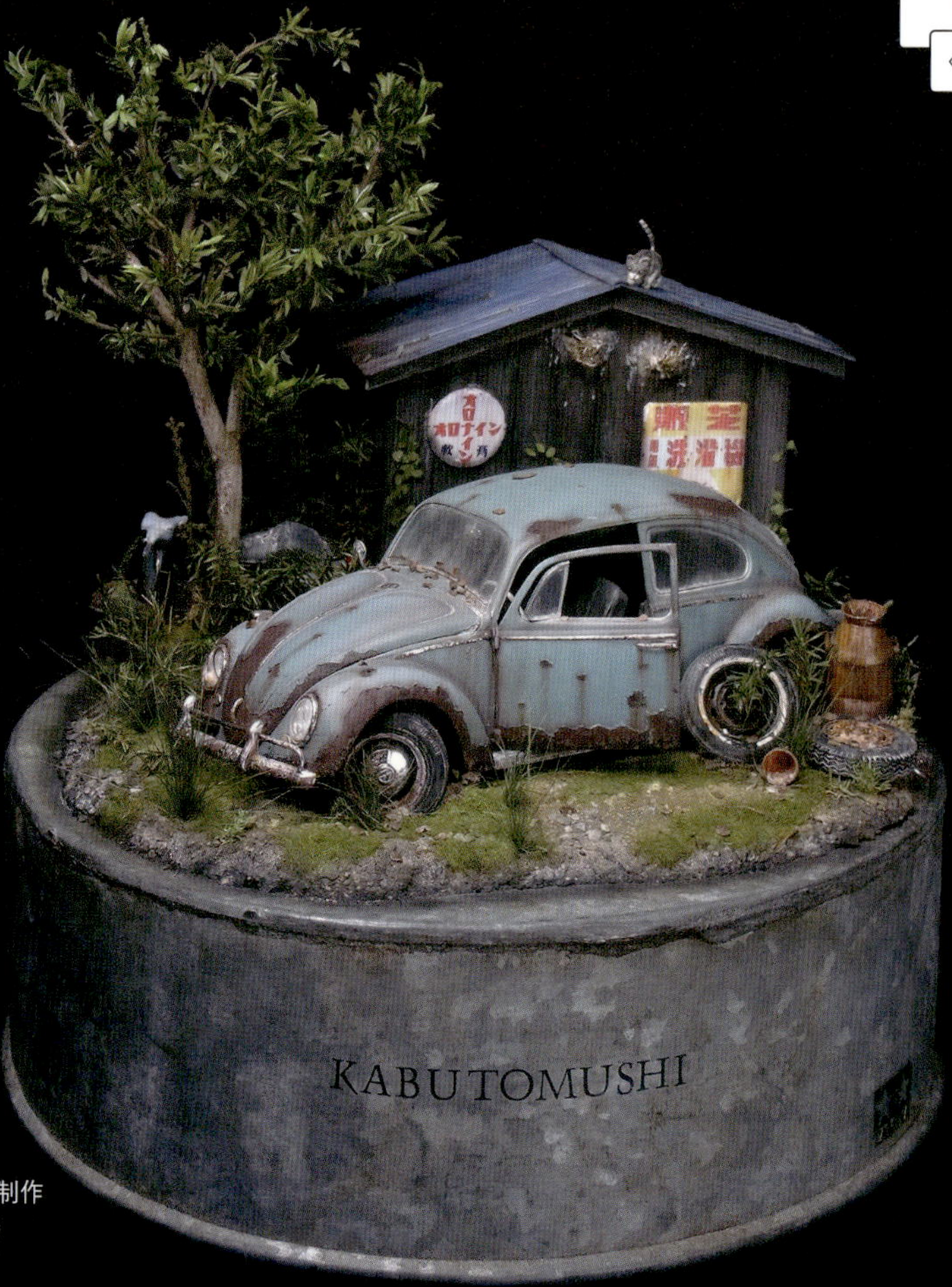

KABUTOMUSHI
1/24scale・2006年制作
（プライベート作品）

このジオラマは、田宮模型が東京・池袋の東武デパートで毎年開催している模型コンテストに出品した応募作品です。コンテストに出すための制作は「締め切り内に完成させること」が最も重要になります。つまり、制作スケジュールの管理をしっかりとやらねばなりません。

実はこの作品、たった5日間で完成させました（その時は多忙でそれだけしか時間が取れなかったのです）。こんな短期間でどれだけ魅力的な作品を生み出せるのか？　それが本作品のコンセプトです。

最も部品が少なく済みつつ形になるのが早いもの→車のプラモデル！　短期間で塗装できる仕上げ→乾燥時間や仕上げに気を使わない「錆塗装」！　これで具体的な構想が固まっていきました。

ジオラマの台は木を用いて作るのがベーシックなやり方ですが、時間短縮のために他のものを探してくることにしました。そしてたまたま立ち寄ったアンティークショップで見かけたのが、味わいのあるブリキの丸い小物入れ。聞けば戦前に使われていたケーキ型でした。これがあまりにも、描いていた廃車模型にピッタリの雰囲気。この、ジオラマのコンセプトに合わせて台を探して選ぶ方法が、それ以降、私のジオラマにおける重要なファクターである「台のアレンジ」というスタイル確立へのきっかけになりました。時間がない時のひらめきは大切です！

« 5 SIDE VIEW »

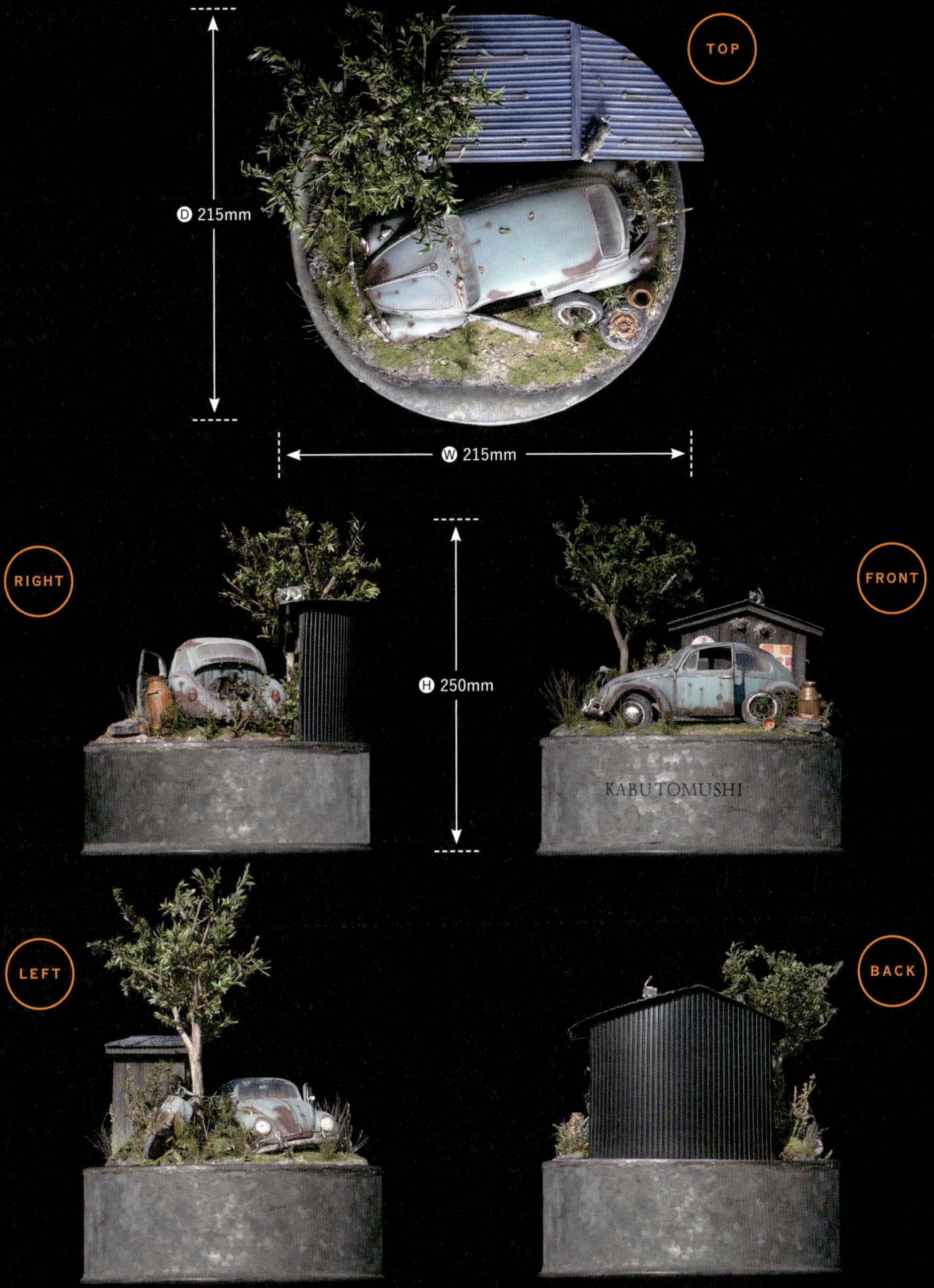
TOP
D 215mm
W 215mm
RIGHT
H 250mm
FRONT
KABUTOMUSHI
LEFT
BACK

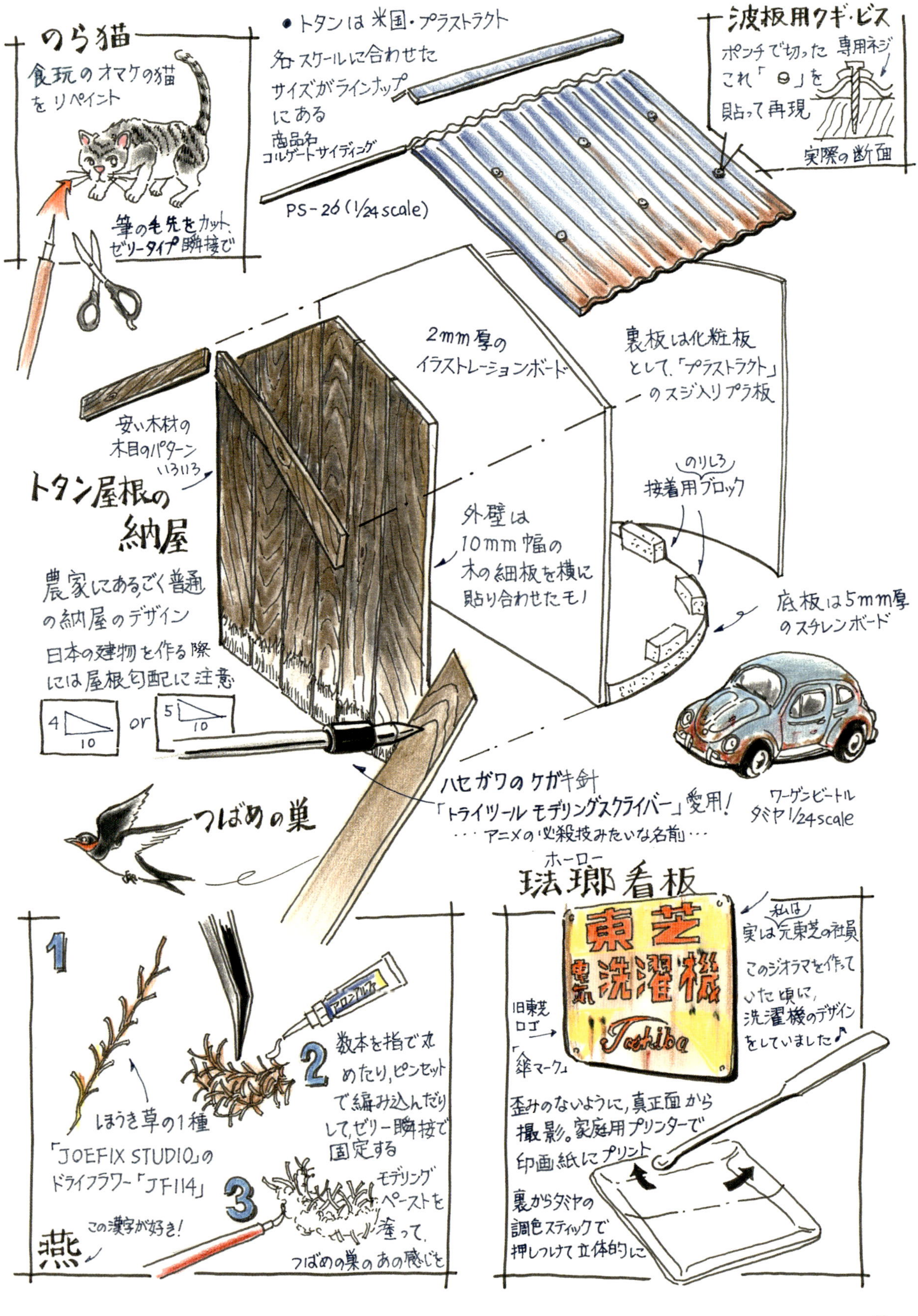
のら猫
食玩のオマケの猫をリペイント
筆の毛先をカット、ゼリータイプ瞬接で
・トタンは米国・プラストラクト
各スケールに合わせたサイズがラインナップにある
商品名 コルゲートサイディング
PS-26（1/24scale）
波板用クギ・ビス
ポンチで切ったこれ「⊖」を貼って再現
専用ネジ
実際の断面
2mm厚のイラストレーションボード
裏板は化粧板として「プラストラクト」のスジ入りプラ板
安い木材の木目のパターンいろいろ
トタン屋根の納屋
接着用《のりしろ》ブロック
外壁は10mm幅の木の細板を横に貼り合わせたモノ
農家にあるごく普通の納屋のデザイン
日本の建物を作る際には屋根勾配に注意
4 10 or 5 10
底板は5mm厚のスチレンボード
ハセガワのケガキ針「トライツール モデリングスクライバー」愛用！
・・・アニメの必殺技みたいな名前・・・
ワーゲンビートル タミヤ1/24scale
つばめの巣
琺瑯《ホーロー》看板
1
ほうき草の1種
「JOEFIX STUDIO」のドライフラワー「JF-114」
2
数本を指で丸めたり、ピンセットで編み込んだりして、ゼリー瞬接で固定する
3
モデリングペーストを塗って、つばめの巣のあの感じを
燕 この漢字が好き！
東芝 電気洗濯機 Toshiba
旧東芝ロゴ「傘マーク」
私は実は元東芝の社員 このジオラマを作っていた頃に、洗濯機のデザインをしていました♪
歪みのないように、真正面から撮影。家庭用プリンターで印画紙にプリント
裏からタミヤの調色スティックで押しつけて立体的に

HOW TO MAKE
KABUTOMUSHI
絵と文 情景師アラーキー
●葉の形がしっかりしたドライフラワー「キンポウジュ」
通販入手
小さな小さなアンティークショップ
OPEN
拾ってきたつつじの枝
●店の前のワゴンに、1つ「700円」で売られていました！
草の植え方
1
ピンバイスで地面に穴を開ける
2
ゼリータイプ
アロンアルファ
ピンセットで草を刺す
鉄道模型用ナイロンの草
KATO製
3
指で押してひろげる
ぐい
ぐい
4
ハサミで整える
葉と平行に使う
ジオラマベースのひみつ
東京・荻窪にあった小さなアンティークショップでみつけたブリキの小箱
ホク
ホク
実は戦前の「ケーキの型」
空洞
●酪農で使われていた金属のミルク缶
ドールハウス作家の友人から購入したケント紙製のモノ！
廃車ワーゲンの雰囲気にピッタリだったので、上下反転させて、ジオラマベースに！
金属＋別素材の接着
エポキシ接着材「クイック5」がベスト
クイック5
クイック5
1対1の割合で
外で
撮影するときにはここに片手を入れるので底は開いたまま
植木鉢も紙製
錆塗装仕上げに！

Detail

《情景❶》カブトムシ

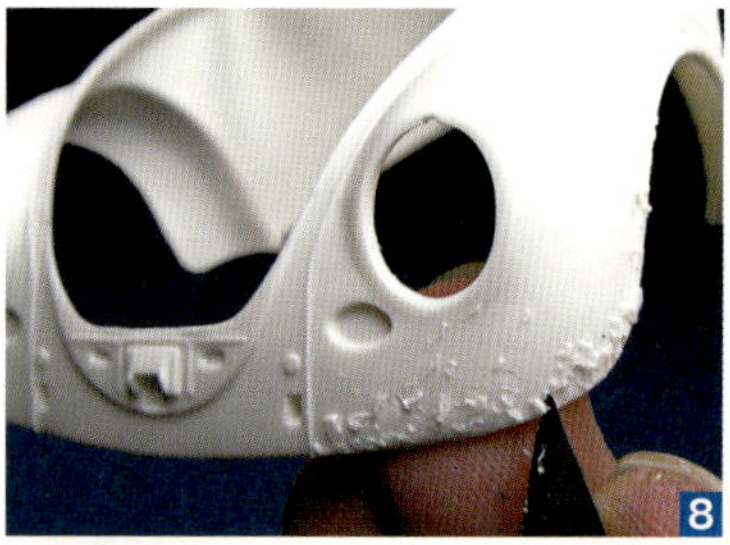

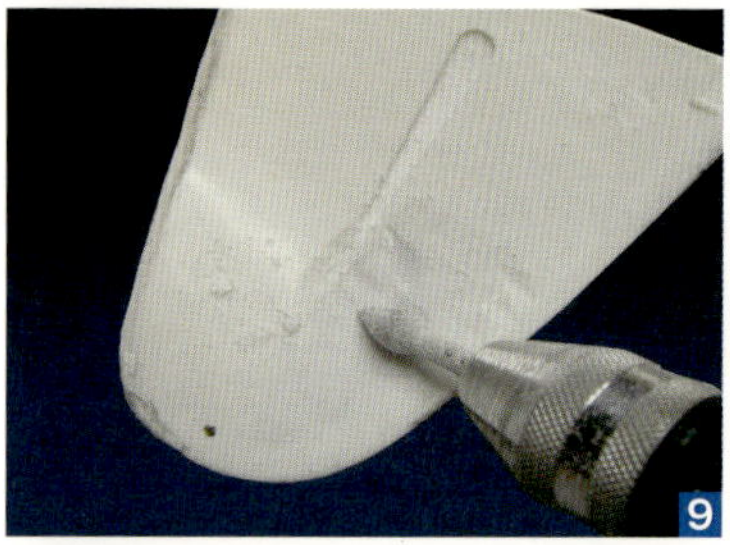

【 ジオラマ制作編 】

1幅10㎜、厚さ0.5㎜の木の板材を並べて接着。「ケガキ針」で木目を入れる。トタンの屋根はアメリカ「プラストラクト」製の、成型された板材「波板コルゲートサイディング」(1/24スケール)を使用。通販で手に入る。**2**ジオラマ素材として販売されている、藁のような植物を指で丸めたものに、モデリングペーストを塗布して「ツバメの巣」を制作。とても楽しい作業。**3**屋根に、錆色(フラットブラウンに赤を混ぜた色)を部分的にエアブラシ塗装。**4**壁の色を筆塗り塗装。色はフラットブラウン+フラットブラック+フラットホワイトを混色。さらに、パステルのバフ系の色で汚し塗装。**5**板塀の下の部分は、経年変化が進んでいる場所。カッターで強めに傷を付けてめくれを。**6**地面として、発泡スチロール(白い部分)をエポキシ接着剤で貼り付ける(茶色の部分は着色コルクブロック)。**7**小石混じりの砂を水溶き木工ボンドで固定。手芸店で入手した各種ドライフラワー5種類をちりばめて植え込む。

【 車体工作編 】

8錆びて塗装がめくれたオリジナル表現「ダイレクトカット法」はこの作品で誕生。**9**錆びてできた穴は、部品の裏からルーターで削って素材を薄くしてから指でしごいて凹ませる**10**基本塗装。退色した感じで白っぽい色にするのがコツ。**11**エアブラシで、フラットブラウンにオレンジを少々入れた色を塗装。錆の流れもエアブラシで塗ってしまう。このあとに細かい錆の描き込みを行なう。**12**シートは、ホコリが積もった状態の表現として、パステルのサンド系の色をアクリル溶剤で溶いて塗装。落ち葉をアクセントに。

☛登場する、材料名、用具名は、P45～「作る」の項で詳しく解説しています。

「考える」

「ジオラマを作りたい！」
しかし、では何から始めればいいのか？
作ったことがない人にとっては、
小舟で大海に漕ぎ出すようで、
どう手を付けていいのか途方に暮れてしまうことでしょう。
この項では、ジオラマ制作の最初の１歩として、
作る以前、準備としての「考え方」を解説します。

ジオラマの和訳として「情景」という言葉があります。「情景＝心に湧き上がる光景」。とても素敵な言葉です。作り手の心に湧き上った光景がジオラマとなって、見た相手に伝わり、そして心を震わせる。そんな素敵な作品を作れるのが理想。とはいえ、最初のうちはシンプルに「作りたいモノ、再現したいことは？」でスタートすればでいいしょう。

STEP 1 「地面」と「高さ」を決めよう

ジオラマとは、まずはシンプルに「地面＋高さを持った対象物があるもの」と考えます。いわゆる「立体」の概念です。そして、以下のように構想する要素を設定することで、作りたい題材が見えてきます。

◉古い時代⬍現代⬍未来（歴史の流れ）
◉海外の風景⬍日本の風景（文化の違い）
◉陸地⬍海（土か水か？）
◉都市⬍田舎（人工物か自然か？）
◉春・夏（緑が豊か）⬍秋・冬（枯れた表現）
◉戦争⬍平和（破壊か日常か？）
◉空⬍宇宙（地球から銀河へ）

このジオラマの題材は「地面選び」に直結していきます。どんな地にするか決まったら、次に垂直方向の構想です。草木や建物など、そのシーンがどこなのか？　時代は？　場所は？　それらをイメージさせるものとして「高さの対象物」が必要になり、そこには重要な「主役」の存在も絡んできます。

STEP 2 作りたいシーンを設定

「風景」と「主役」の設定には、大きくこの2つのアプローチがあると思います。

◉主役を決める
⬇それに見合った風景を決める
◉作りたい光景がある
⬇そこに組み合わせる主役を決める

主役は完成済みのミニカーや食玩、フィギュアなどでもじゅうぶん。もちろん、プラモデルを組み立てたり、売られているものがない場合は、自作する方法もあります。私のジオラマ作りは「作ってみたいシーン」が先にあり、そのあとにたまたま手にした主役（依頼があったり購入したり）を、作りたいシーンのリストから選んでマッチングさせる方法が多いのです。心に沸き上がったシーン＝情景で決めるのが、わかりやすい選択でしょう。

STEP 3 「ストーリー」で魅力度アップ

ここまで書いたステップでは、ジオラマ自体は「主役を飾るための背景」でしかありません。しかし、ここにストーリーを加味することで「情景」としての魅力が増してくるのです。実体験～妄想へ、徐々にジオラマとしての制作ハードルが上がっていきます。

【ストーリーの大分類】
◉思い出（住んだ街、旅行で訪れた場所、田舎）
◉映画、アニメ（印象に残ったシーンの再現）
◉小説（文章から想像した光景）
◉妄想（フィクションの世界）

STEP 4 重箱の隅的「あるある表現」で味付け

日頃から見ているあの光景、見慣れているはずの場所など、そこには、数々の「あるある」なシーンが溢れています。

◉人が作るものには必ず「行程」がわかる部分がある⬇溶接跡、クギ跡、ボルト締め、配線
◉「湿気」＆「乾燥」がある⬇日陰のジメジメ部分に苔、風が運んだ吹きだまりのホコリ
◉生活の中に傷や汚れがある⬇ペンキをこぼした跡、車のこすり跡
◉季節や時代による落とし物がある⬇落ち葉、空き缶、地面の落書き、薬莢
◉グラフィックによる時代性がある⬇ポスター、看板、広告、雑誌

このように分類して、各要素の中から、ジオラマの「種」になるアイテムを組み合わせて構想を練るのです。参考として、本書で掲載した8つのジオラマ作品について、生み出す際の発想・考え方・作業行程などのワークフローを紹介します。

考える

《 ジオラマ制作はワークフローから 》

情景❷ 港の片隅で…

☛P21～30

[START スタートライン]

●ブログで見た、木造漁船の写真に感動して

↓

[構 想]

●北海道の「あるある」を再現

●港にある物を再現したい

↓

[アイデア]

●紙を使って、船をどこまで作り込めるか？

●テトラポッドを作る

↓

[調 査]

●木造漁船の構造 ➡ Googleの画像検索

●テトラポッドの構造 ➡ Googleの画像検索

●ポーターキャブ（トラック） ➡ Googleの画像検索

●ホタテ貝 ➡ Googleの画像検索

↓

[買い物]

●フォークリフトのプラモデル ➡ 模型店

●ドラム缶のプラモデル ➡ 模型店

●ミニカー ➡ 模型店

●ケント紙 ➡ 文具店

●鈴 ➡ 100円ショップ

●台 ➡ アンティークショップ

[作 業]

●紙工作

●プラモデル工作

●紙工作

●紙工作

↓

[塗 装]

●アクリル塗料（タミヤ）　●エナメル塗料（タミヤ）

●ラッカー塗料（クレオス）　●ピグメント（各メーカー）

情景❶ カブトムシ

☛P7～14

[START スタートライン]

●短期間で作れるジオラマへのチャレンジ

↓

[構 想]

●作ってみたかった「廃車仕上げ」の模型

↓

[アイデア]

●田舎のシーンを再現　●納屋を作る

↓

[調 査]

●ワーゲン ✚ 廃 車 ➡ Googleの画像検索

●納屋 ➡ Googleの画像検索

●ホーロー看板 ➡ Googleの画像検索

↓

[買い物]

●ワーゲンのプラモデル ➡ 模型店

●木材 ➡ ホームセンター

●台 ➡ アンティークショップ

[作 業]

●写真のプリント加工

●プラ板 ✚ 木材

●錆びて塗装がはがれた再現方法を

↓

[塗 装]

●アクリル塗料（タミヤ）　●エナメル塗料（タミヤ）

●ラッカー塗料（クレオス）　●ピグメント（各メーカー）

情景❸ アテンション

☛P34～44

[START スタートライン]
- 絵はがきで見た欧州の風景を作ってみたかった

↓

[構　想]
- 主役のイタリア軍パトロール車「サファリアーナ後期型」を主役に
- ローマ市内を再現

↓

[アイデア]
- 「イタリア」でイメージするおしゃれなジオラマに仕上げたいので、ベースはトランクにする

↓

[調　査]
- サファリアーナ後期型 ➡ イタリア軍に詳しい専門家から資料をもらう
- イタリア軍兵士の軍服 ➡ イタリア軍に詳しい専門家から資料をもらう
- ローマ市内の建造物 ➡ Googleの画像検索＋写真集
- イタリア人女性の服装 ➡ Googleの画像検索

↓

[買い物]
- サファリアーナのプラモデル ➡ 模型店
- ロシア兵のプラモデル ➡ 模型店
- 女性のガレージキット ➡ 模型店
- スタイロフォーム、スチレンボード ➡ ホームセンター

[作　業]
- ガレージキットの女性を小改造
- スチレンボード ✚ 1/35の建物制作用パーツを使用
- ロシア兵をエポキシパテで改造
- イタレリ社のキット ✚ プラ板での改造

↓

[塗　装]
- アクリル塗料（タミヤ）
- エナメル塗料（タミヤ）
- ラッカー塗料（クレオス）
- ピグメント（各メーカー）

情景❹ わが街の不動産

☛P55～64

[START スタートライン]
- 看板建築に魅了されて作りたかった

↓

[構　想]
- 特撮のミニチュアセットにおける標準スケールの1/25で作りたい

↓

[アイデア]
- 銅板建築の緑青の塗装
- 左右に建っているビルの簡易な表現

↓

[調　査]
- 緑青の色合い ➡ Googleの画像検索
- 看板建築 ➡ Googleの画像検索
- コンビニ ➡ Googleの画像検索
- 東京都内のガードレール ➡ Googleの画像検索

↓

[買い物]
- 道路標識＆ガードレールのプラモデル ➡ 模型店
- スチレンボード ➡ 模型店
- スタイロフォーム ➡ ホームセンター
- 台 ➡ アンティークショップ

[作　業]
- 市販のプラモデル ✚ 針金工作
- プラ板 ✚ スチレンボード ✚ イラストレーションボードの工作 ✚ 写真貼付
- プラ板 ✚ スチレンボード ✚ イラストレーションボードの工作

↓

[塗　装]
- アクリル塗料（タミヤ）
- エナメル塗料（タミヤ）
- ラッカー塗料（クレオス）
- ピグメント（各メーカー）

考える

情景⑥ やきいも

☛P89～96

[START スタートライン]

- 博物館に展示されていた写真に感動
- 映画「ALLWAYS三丁目の夕日」を観て感動

↓

[構 想]

- ステレオタイプな「ザ・昭和」の再現

↓

[アイデア]

- 大好きな光景「坂のあるシーン」を再現
- 親子の会話が聞こえてきそうなシーン

↓

[調 査]

- ミゼット後期型 ➡ Googleの画像検索
- 昭和の服（母と子供）➡ Googleの画像検索
- 木製の電柱 ➡ Googleの画像検索
- 坂 ➡ 東京・御茶ノ水「女坂」の現地取材

↓

[買い物]

- ミゼットのプラモデル ➡ 模型店
- フィギュアのプラモデル ➡ 模型店
- 木 ➡ 拾ってくる
- 台 ➡ 雑貨屋

[作 業]

- スタイロフォーム工作
- 木材工作
- 兵士のフィギュアを改造
- プラモデル ＋ プラ板での改造

↓

[塗 装]

- アクリル塗料（タミヤ）
- エナメル塗料（タミヤ）
- ラッカー塗料（クレオス）
- ピグメント（各メーカー）

情景⑤ 西瓜の夏

☛P75～82

[START スタートライン]

- 石橋の写真集を見て作りたいシーンが生まれる

↓

[構 想]

- 熊本に住んでいたので
  熊本の思い出といい所をちりばめる

↓

[アイデア]

- 澄んだ川の表現
- 名物の西瓜を入れ込む

↓

[調 査]

- トラック（スバルサンバー）➡ Googleの画像検索
- 石橋のディテール ➡ Googleの画像検索
- 柳（アクセント1）➡ Googleの画像検索
- 錦鯉（アクセント2）➡ Googleの画像検索
- 祠・地蔵 ➡ Googleの画像検索

↓

[買い物]

- トラックのガレージキッド ➡ ネット通販
- スタイロフォーム ➡ ホームセンター
- 透明エポキシ樹脂 ➡ ホームセンター
- アスパラガスの葉 ➡ 手芸店
- 木製の数珠 ➡ 100円ショップ
- 台 ➡ アンティークショップ

[作 業]

- エポキシパテ工作
- エポキシパテ工作
- 木 ＋ 針金 ＋ プラ板での改造
- スチレンボード工作
- プラ板工作での改造

↓

[塗 装]

- アクリル塗料（タミヤ）
- エナメル塗料（タミヤ）
- ラッカー塗料（クレオス）
- ピグメント（各メーカー）

情景❽ オール・イン・ザ・ボックス

☛P115～124

[START スタートライン]

- コンテストのカテゴリー「オール・イン・ワン・ボックス」に参加するため

[構 想]

- 本来ならばビギナー向けのカテゴリーだが、上級者向け高度なテクニックで

[アイデア]

- キットの箱の中にあるものだけを材料に
- 箱を板材に
- 説明書は溶かして紙粘土に
- ランナーはプラ棒に

[調 査]

- 回収用戦車ベルゲパンターの構造 ➡ Googleの画像検索＆1/35のプラモデル
- ドイツの標識・石段 ➡ Googleの画像検索
- 石 段 ➡ Googleの画像検索

[買い物]

- 1/48タミヤパンター ➡ 模型店
- 1/35イタレリ社ベルゲパンター ➡ 模型店

[作 業]

- 台部分すべては紙工作
- ランナー ✚ 紙工作
- 1/48プラモデルをベースに、紙工作＆ランナーで改造

[塗 装]

- アクリル塗料（タミヤ）
- エナメル塗料（タミヤ）
- ピグメント（各メーカー）

情景❼ トタン壁の造船所

☛P101～110

[START スタートライン]

- 父の田舎が小さな港町だったので作ってみたかった

[構 想]

- 発売された「漁船」のプラモデルにミニカーを組み合わせたシーンを

[アイデア]

- トタンの錆表現
- 漁船の作り込み
- クレーンの工作

[調 査]

- トタンの建物 ➡ Googleの画像検索
- 工場の鉄骨構造 ➡ Googleの画像検索
- 工場内の照明 ➡ Googleの画像検索
- 工場内の工作機器 ➡ Googleの画像検索
- 造船所のスロープ・床 ➡ Googleの画像検索
- クレーン ➡ Googleの画像検索
- フォークリフト ➡ Googleの画像検索
- トラック ➡ Googleの画像検索
- 漁 船 ➡ Googleの画像検索

[買い物]

- プラ板・プラ棒（プラストラクト） ➡ ネット通販
- ライザー社ミニチュア・工作機器 ➡ 模型店
- チップLED ➡ 模型店・ミニカー ➡ 模型店
- 水道用パイプ ➡ ホームセンター
- スタイロフォーム ➡ ホームセンター
- 台 ➡ アンティークショップ

[作 業]

- アオシマのプラモデル ✚ ディテールアップ
- トミカミニカーの改造
- 水道用パイプ ✚ プラ板 ✚ プラモデル部品によるスクラッチ
- スチレンボード ✚ モデリングペーストの工作
- プライザー社のミニチュアにプラ板で工作
- チップLEDの電飾工作
- プラ板 ✚ プラ棒での改造

[塗 装]

- アクリル塗料（タミヤ）
- エナメル塗料（タミヤ）
- ラッカー塗料（クレオス）
- ピグメント（各メーカー）

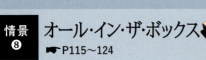

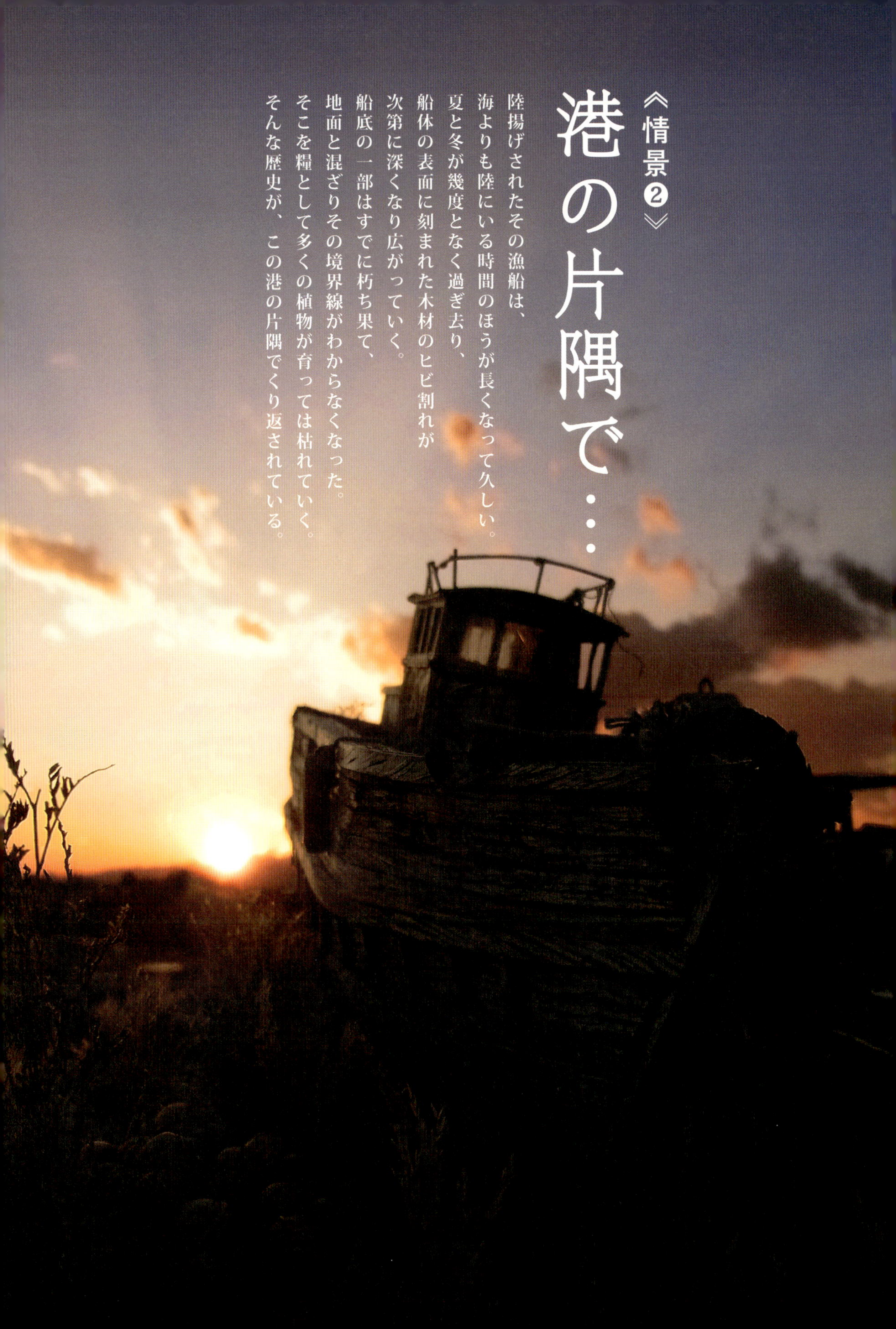

《情景②》

港の片隅で…

陸揚げされたその漁船は、
海よりも陸にいる時間のほうが長くなって久しい。
夏と冬が幾度となく過ぎ去り、
船体の表面に刻まれた木材のヒビ割れが
次第に深くなり広がっていく。
船底の一部はすでに朽ち果て、
地面と混ざりその境界線がわからなくなった。
そこを糧として多くの植物が育っては枯れていく。
そんな歴史が、この港の片隅でくり返されている。

Close Up

《情景❷》港の片隅で…

1 夕陽の下で撮影。西側に雲があり、そこに太陽が隠れつつ、周りから強い光が漏れる時が狙い目。
2 放置車輌は、潮風の吹く場所では錆の進行が早く、かさぶたのような錆が広がるのが特徴。周囲に生える雑草で気をつけたいポイントは、背丈と密集具合。
3 フォークリフトは現役で使われている設定なので、軽く汚すだけに。回転する際に付く傷がいいアクセントに。
4 北海道の港に大量に捨ててあるホタテの貝殻。コピー用紙を切り抜きヘラで丸みを付け、1枚ずつ表面の柄を描いている。
5 **6** 市販されている1/35スケールの猫のフィギュア。細かく塗り分けて、さらに、筆の毛先をカットして瞬間接着剤で付けた「ヒゲ」によって生き生きとした猫に！
7 ジオラマに設置する前の出演アイテムを集合写真で。綱に付いている黄色い発泡スチロール製の浮きは、木の棒から削り出した。3色の丸いプラスチック浮きは、100円ショップで買った小さな鈴の周囲に、延ばしランナーで輪を付けて着色。

3

6

5

4

7

9

8

ささくれた木の質感に
思いを馳せる。
波、潮風、漁師のくらし。

10

13

11

14

12

8船体後部を上から。9船首部分。

10全体像をやや後ろから斜俯瞰で。

11木が乾燥し、めくれて割れる表現。この漁船では、とにかくこれを作ってみたかった！　紙なので、ミルフィーユ状に幾重にもめくれたリアルな木の断面が作れる。

12釣った魚を入れる「魚槽」では、木が朽ちて、穴が開いている表現を。周囲の縄は「凧糸」。網は医療用のガーゼ。吹き上げられて積もった砂浜の砂は、実際に浜で採取した砂を、水溶き木工ボンドで固定。

13ケント紙でできた操舵室。木の表面は単調にならないよう、木目が斜めに入る角度などに変化を持たせるよう、カッターで削って彫刻。錆が流れる道筋に注目を。

14船の周囲に下がる古タイヤは、同スケールのプラモデルの部品。カッターを使い、細かく切れ込みを入れて使い古されたようすを表現。

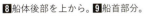

港の片隅で…
1/32scale・2011年制作
（プライベート作品）

北海道・紋別にある、海の近くの公園に陸揚げ・展示されている、昭和の木造漁船を再現した作品です。

Ｐ１０１で紹介しているジオラマ作品「トタン壁の造船所」を制作するために「港　漁船」というキーワードで画像検索をしている時に、野原に佇む朽ちた船の写真を見つけ、釘付けになりました。

さすがに北海道に直接見に行くのは不可能なので、ネットで検索しましたが、数枚の写真しか見つからず、しかたなく自分でわからない所は想像しながら書き起こして制作を開始。

実は、以前から、朽ちた木造納屋のような建物を作ってみたいという構想はあったのです。そして、その再現法として「紙を使う」のが最適ではないかと考えていて、この作品で具体的にその手法を試してみました。すると予想を超えたハイレベルの「朽ちた木」に仕上がって大成功！

ならば、さらにこの作品の中で、紙を使っていろいろと実験してみようと思い立ち、テトラポッド（ネットで公開されていた展開図を使用）や、ホタテの貝殻を紙で制作してみたのです。

コンクリート製のものから木製のものまで何にでも化ける「紙工作」。

鉄道模型の世界では、紙を使って車輪を作るのは昔からあった手法です。このように、違った分野にある「ローカル手法」を、まずは手を動かし試してみるのは大切なことです。

« 5 SIDE VIEW »

TOP

Ⓓ 234mm

Ⓦ 342mm

RIGHT

Ⓗ 260mm

FRONT

LEFT

BACK

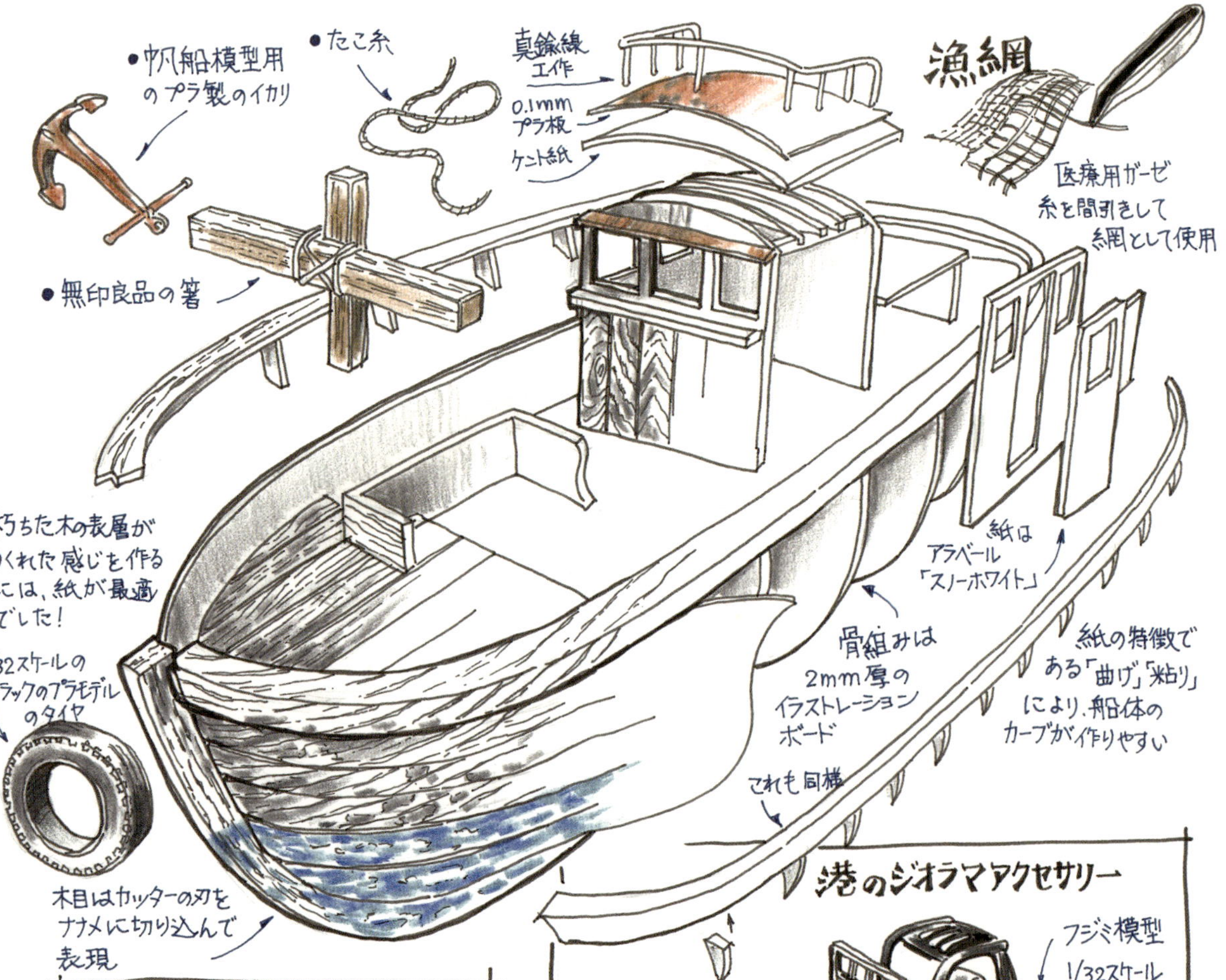
●帆船模型用のプラ製のイカリ
●たこ糸
真鍮線工作
0.1mmプラ板
ケント紙
漁網
医療用ガーゼ糸を間引きして網として使用
●無印良品の箸
朽ちた木の表層がめくれた感じを作るには、紙が最適でした！
1/32スケールのトラックのプラモデルのタイヤ
紙はアラベール「スノーホワイト」
骨組みは2mm厚のイラストレーションボード
紙の特徴である「曲げ」「粘り」により、船体のカーブが作りやすい
これも同様
木目はカッターの刃をナナメに切り込んで表現

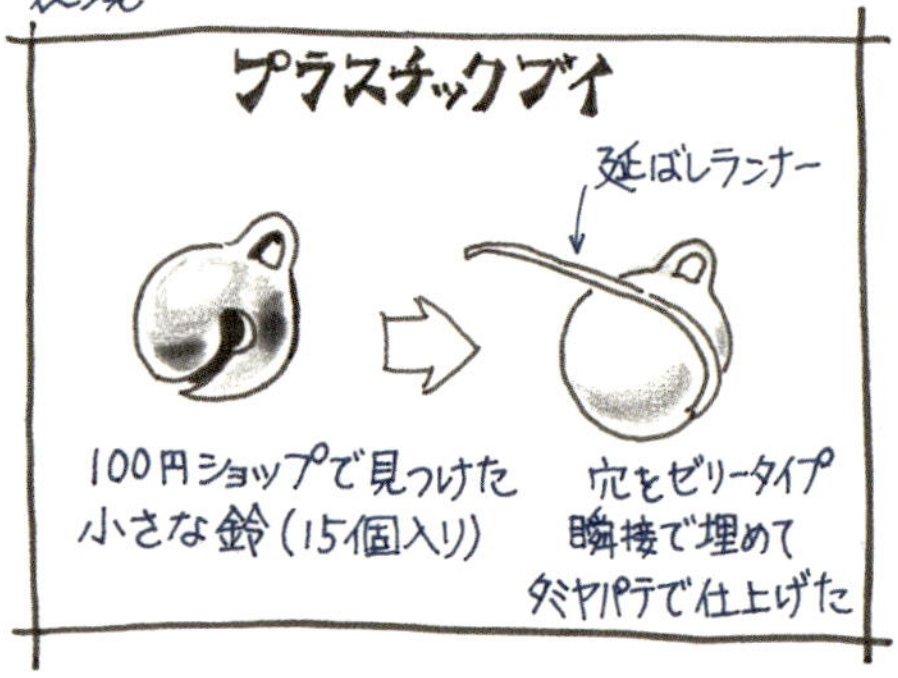
プラスチックブイ
延ばしランナー
100円ショップで見つけた小さな鈴（15個入り）
穴をゼリータイプ瞬接で埋めてタミヤパテで仕上げた

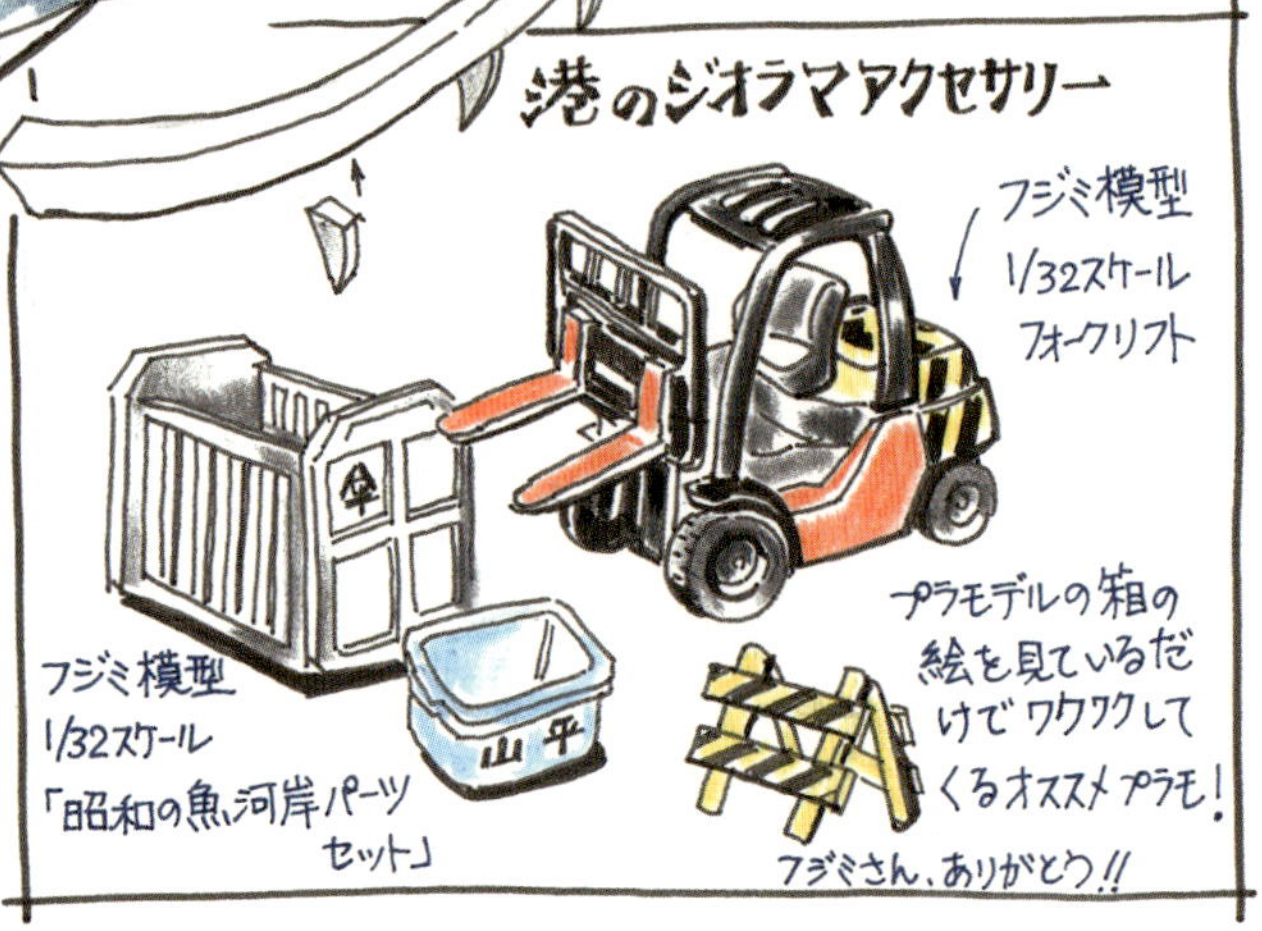
港のジオラマアクセサリー
フジミ模型 1/32スケール フォークリフト
フジミ模型 1/32スケール 「昭和の魚河岸パーツセット」
山平
プラモデルの箱の絵を見ているだけでワクワクしてくるオススメプラモ！
フジミさん、ありがとう!!

つぶらな瞳 1969～1989
マツダ ポーターキャブ
カーモデル専門の模型雑誌「モデル・カーズ」の通販限定ガレージキット
ディズニーアニメに出てきそうなキュートなフロントデザイン
港でも活躍した
360ccエンジン 前期型
エポキシパテでパンクタイヤを制作

ドラム缶
フジミ模型 1/32スケールのドラム缶
錆塗装のバリエーションでジオラマの中に時間の流れを演出
ドラム缶は錆びやすいので いろいろな錆の変化がある

HOW TO MAKE
港の片隅で…
絵と文　情景師アラーキー
紙の造型の可能性を確かめる実験ジオラマ
漁船、テトラポッド、ホタテ貝を紙で制作。
北海道の漁村あるある 道端に大量のホタテの貝殻が落ちている
コピー用紙で制作。
ジオラマベース
使用したのは、戦前に使われていた「大工道具箱」。これはネットオークションで「レトロ 木箱」のキーワードで探したもの（約2,000円）四角に付いている錆びた金具がいいアクセントに
木造漁船
北海道・紋別のオサムロ遺跡公園内に陸揚げされて展示されている廃船がモチーフ
ネットで見つけた写真のみで図面を起こして制作！
ベース内部はガランドウ
MDFの板
港の片隅で
タイトル
港の片隅
●パソコンソフトでデザインして、家庭用プリンターで厚紙に印刷した文字を、デザインナイフで切り抜きステンシルを自作して、エアブラシ塗装
消波根固《しょうはねがため》ブロック
（正式名称）
一般的に言われている「テトラポッド」は実は登録商標
真鍮線で作った吊り下げフック
全体にモデリングペーストを厚めに塗り、紙ヤスリで仕上げる
マスキングテープの間にモデリングペーストを盛り上げて
パーティングラインを造
実際はこんな金属型で量産される
サイト「仮想ブロック」さんでダウンロードできる
●テトラポッドの作り方をネットで検索したら なんと無料でダウンロードできるペーパークラフトを発見！
表面のコンクリートの「ゴツゴツ感」は モデリングペーストが乾く前に歯ブラシで叩いて再現する

Detail

《情景❷》港の片隅で…

7

1

8

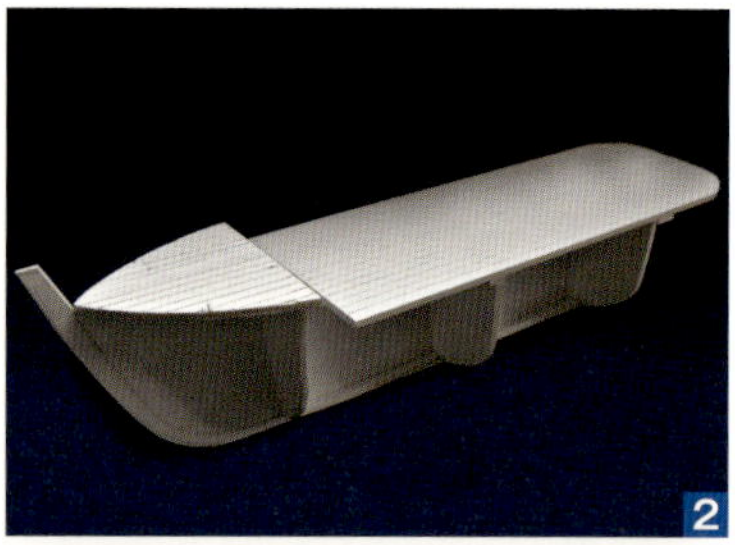
2

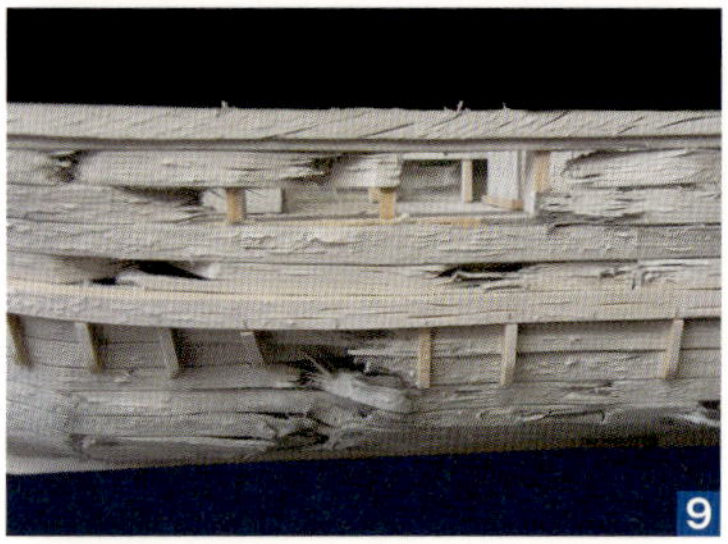
9

3

10

4

11

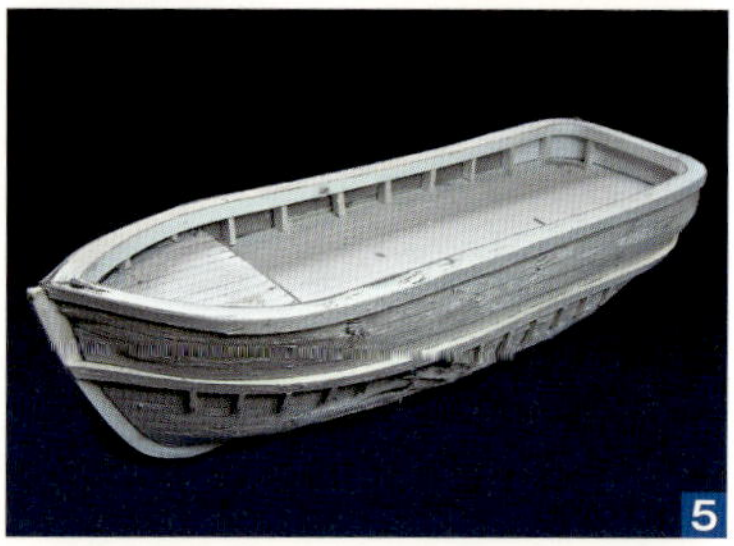
5

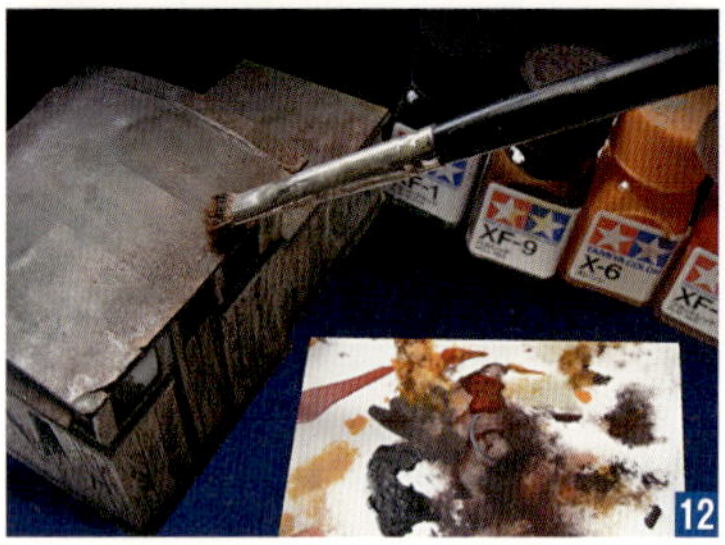

12

6

【 漁船制作編 】

1原寸大でコピー用紙に船の側面をスケッチ。1/32のフィギュアを基本にして、おおよその大きさを割り出して作図。**2**船の側面、甲板、輪切りの断面図をもとに、2㎜厚のイラストレーションボードで部品を切り出す。**3**ケント紙の表面を手でしごきながら側面パーツを接着。紙の利点であるやわらかさと粘りを有効利用。**4**側面の木目は、デザインナイフで切り出してディテールまで1本ずつ再現。**5**木が乾燥してめくれた表現は「カッターで斜めに切り込みを入れてから持ち上げる」作業をひたすらくり返す。気の遠くなるような反復の行程。**6**操舵室は単純な箱組み。目に付きやすい場所なので、木目の彫刻は極めて細かく仕上げる。強度UP用に、細い木の棒で部分的に補強。**7** **8**操舵室の屋根は銅板吹きという設定。薄いプラシートを接着。**9**船の側面には、ところどころに木が朽ちて落ちたアクセントを加える。

【 漁船塗装編 】

10工作が完成した船体に、タミヤセメントを塗布してしみ込ませる。乾燥するとプラスチック並みの強度に。ラッカー塗料のグレーで下地を塗る。その上から、ツヤ消し白をムラになるように塗っていく。**11**その白の上に、喫水線から下の青色を乗せていく。乾燥してペンキがはがれたような雰囲気を狙い、絵を描くように塗装。**12**操舵室の天板の錆は、レッドブラウン、オレンジ、赤を混色し、毛足を短くカットした筆で叩くように塗装。錆のボツボツ感が再現できる。

「集める」

ジオラマを作るには、
膨大な「情報」を得なければなりません。
絵を描くための準備とは違い、
いざ立体にしようとすると、
「X,Y,Z」立体の座標寸法が必要となったり、
見えなかった部分の再現であったりと、
自分は今まで知らないことだらけだったんだと
気づかされるはずです。
この項では、それらの「知らない」情報と、
物質としての素材の集め方を解説します。

寸法、素材、ルールを知る

たとえば、現在の街の光景の1つ、車が駐車している道のジオラマを作ろうとした時を例に考えてみましょう。必要な情報を挙げてみると次のように。

- 道路ーアスファルトの素材、色
- 横断歩道のペイント幅、色
- 縁石の長さ、下水溝の蓋の寸法
- ガードレールの高さ、構造、塗装色
- 道路標識が付いたパイプの直径、止め具の形、固定しているコンクリート基礎部分

ざっと挙げただけでもこれだけの詳細を知らなければなりません。ポイントを整理すると「構造」「寸法」「素材」「色」の4つに分類されます。これを調べればいいのですが、それらは大原則として「ルールが決まっているもの」と「ローカルなもの」の2つに分けられます。

ルールが決まっているものは、国の法律で定められていることとか、伝統の技法で作られているものなど。たとえば「道路標識」「横断歩道」「道路点字」は法律で、「煉瓦」「瓦」「襖」「畳」などは伝統技法です。

ハリウッド映画で、再現された日本の建物や風景に違和感を感じるのは、正しく再現したつもりの障子や鳥居が、伝統的なルールを無視した寸法で作られているからだと思います。

私がジオラマ制作の準備を始める場合、この情報収集だけで1週間使ってしまうこともあります。知らないことを調べるのはとても楽しいし、それこそがジオラマ制作の醍醐味でもあると思います。

さて、それらはどうやって調べるのか？

「現地取材」はすべてを得られる！

下に例として出した「道路」の写真は、自宅から歩いて数分の近所を撮影しています。そこに行けば、ふだん気づかなかったことが見えてきます。見慣れていた道路標識の裏にこんな金具があったのか！とか、標識が埋め込まれた根元のコンクリートのラフな施工具合、点字ブロックの設置がランダムだったり……。今までじっくりと見たことがないだけに、どれもが新鮮です。ジオラマを作ろうと思わなければ見えてこなかった世界。ちょっとした旅行に行ったような、なんだかトクした気分です。

現地取材でのポイントは、あとから写真を見て発見することが多いこと。なので、かっこいいアングルの写真ではなく、すべてを俯瞰している写真、正面や上面からの歪みがない写真、寸法がわかるように比較物と一緒に撮った写真（たとえば自分の靴、缶コーヒー）などが必要です。看板は真正面から撮っておけば縮小してプリントし、そのままジオラマに使えます。

また、現地に行くと、写真などではわからない日差しや匂いや空気感を感じられます。ちょっとした汚れや傷など些細なことも見つかります。それをどうにかしてジオラマに取り込みたいと思うことが、

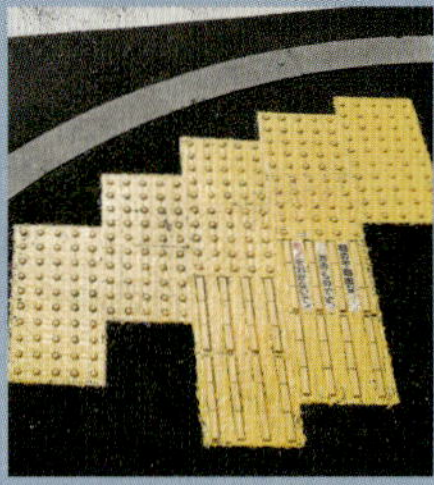

リアルなジオラマを作ろうとする工夫につながっていくのです。

Googleの画像検索ですべてが解決

いきなり告白ですが、この本に掲載されているジオラマ作品はすべて、現地取材ではなく、Googleの画像検索で調べた資料のみで制作しています。直前の項目を否定する発言ですが、すべての方に、現地取材できるチャンスがあるわけではありません。海外へ行くにはお金がかかりますし、ましてや、生まれる前の世界などは無理！　万人が使えて、そして簡単に無料で得られる情報、それはインターネット、「Google」の画像検索サイトです。使い方は簡単、検索したい言葉を入れるだけ！……しかし、この言葉選びによって得られる情報がまったく異なるので調べ方が大切なのです。

【ポイントは以下】

●1つの言葉だけではなく、複数の言葉での組み合わせがキーになる。

⬇例：「古い」「レトロ」「シャビー」「懐かしい」などのキーワードを組み合わせる。検索する際には単語間を空けて入力。順番を入れ替えても検索結果が変わる。

●法律的、伝統的に決まっているものを探りだす。

⬇これらは画像検索ではなく、通常検索で。たとえば「道路 寸法 基準」など。

●日本語だけではNG、英語や多国語で調べ直すとさらに広がる。

⬇英語が苦手でも大丈夫、Googleの「翻訳サイト」で日本語から変換した単語を入れる。

●個人のブログなど、海外を多く巡っている人が映した写真などは情報量が多い。調べていくと、いろいろなことがわかります。すべてが再現できるわけではありませんが、次の作品のヒントにつながります。

作品「トタン壁の造船所」では錆びたトタンの質感の検索から始まり、造船所のスロープ、建物の構造、室内の照明など検索する項目が多かったのですが、まるで現地に取材に行ったかと思えるほど、調べた画像だけで妄想取材が楽しめました。

それらを知ったあとに港町に旅行に行ったのですが、見るべきポイントが今までの自分とはまったく異なり、ジオラマを作るだけこんなに世界が広がることに喜びを感じました。

《 言葉の順番を替えただけで変化が出る事例 》

買う材料

情報集めと同じく材料集めも大切！　ジオラマの素材は、ありとあらゆるところで買い求められます。すべてが模型店で手に入る場合もありますが、あえて、何かないかなと考えつつ視点を変え、材料集めそのものも楽しみましょう。

●**模型店**――主人公である、車、戦車、ロボットなどのプラモデル、組み合わせるフィギュア、塗料、道具までひと通り揃えることができます。特に鉄道模型を扱っている店は、ジオラマに使える地面用や植栽用の素材を多く扱っています。

●**ホームセンター**――ジオラマの台に使う木材、スタイロフォーム、石膏、塗料、ニス、針金、ネジなど、あらゆる素材が手に入ります。安価で手に入り、店舗によっては切断などの加工サービスもあり便利です。

●**手芸店／園芸店**――ドライフラワーや布などの素材が豊富。特にドライフラワーは、ジオラマには欠かせない材料。他にも、ビーズやボタンなど使える素材が意外に多く、訪れてみるとしょっちゅう発見があります。

●**100円ショップ**――アイデアに詰まったらここに行け！　安くて大量に買えると思える余裕で、あらゆるものがジオラマの素材に見えてきます。たとえばボールペンなら、本体は透明パイプとして、先端はロケットの噴射口に、内部のスプリングもいろいろ使えます。

●**文具店／画材店**――筆、絵の具、接着剤、文具系の道具などが手に入ります。特に画材店では、リキテックスのアクリル絵の具に混ぜる添加剤「モデリングペースト」や、川、海など水の表現をするために使う「メディウム」などは種類が豊富。文具店でも、特殊なハサミやカッターが多様に揃っていたりします。

●**ネットショッピング**――欲しい素材がピンポイントな場合、最も便利なのがAmazonや楽天などのネット通販です。早ければその日のうちに手に入る便利さ。何度となく窮地を救ってもらいました。

拾う材料

ジオラマ素材は「天然のもの」をそのまま使うのが最もリアルかつ簡単です。

私は常にジップロックを鞄に入れており、見つけ次第、材料を採取しています。特に道路の排水に溜まった細かい砂や土は、大小の粒が揃っていて超便利！　スプーンですくって持ち帰り、１００円ショップで手に入れた「茶こし」で振るいにかけ、粒の細かさで分類しストックしています。

また、空き地や露天の駐車場などでは、隅にある枯れた雑草や小枝が狙い目！　カッターで割いてジオラマに植え込むだけで、リアルな植栽が完成です。

《情景③》

アテンション

艶やかな花売りの女性が
自転車で坂道を下って来ました。
「シニョリーナ！（お嬢さん）」
市内をパトロール中の兵士が、
みないっせいに振り向き、
反射的に声をかけました。
戦時下といえども
そこはイタリア人男性!?

iPhone 6で撮影

Close Up

《情景❸》アテンション

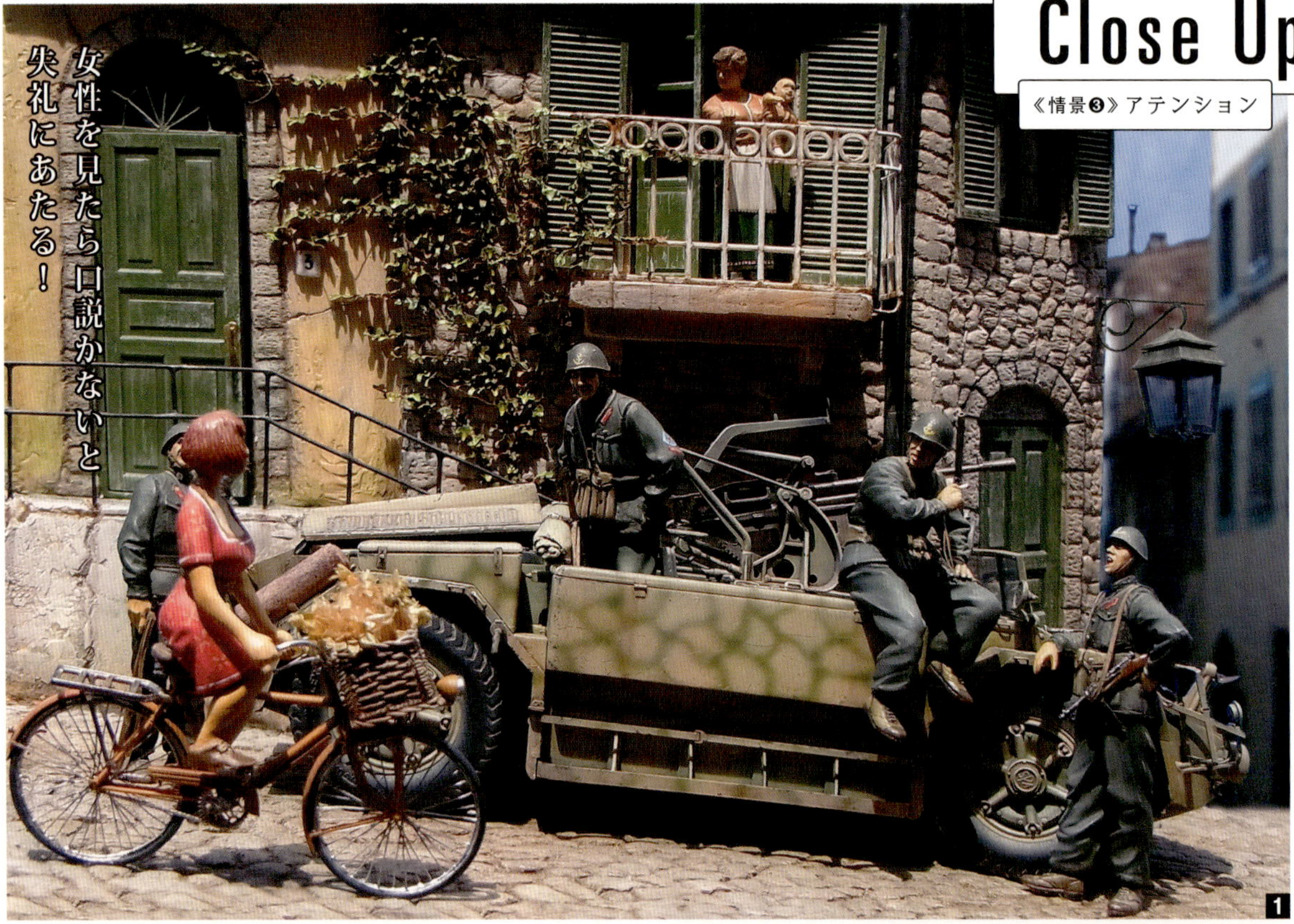

女性を見たら口説かないと
失礼にあたる！

1

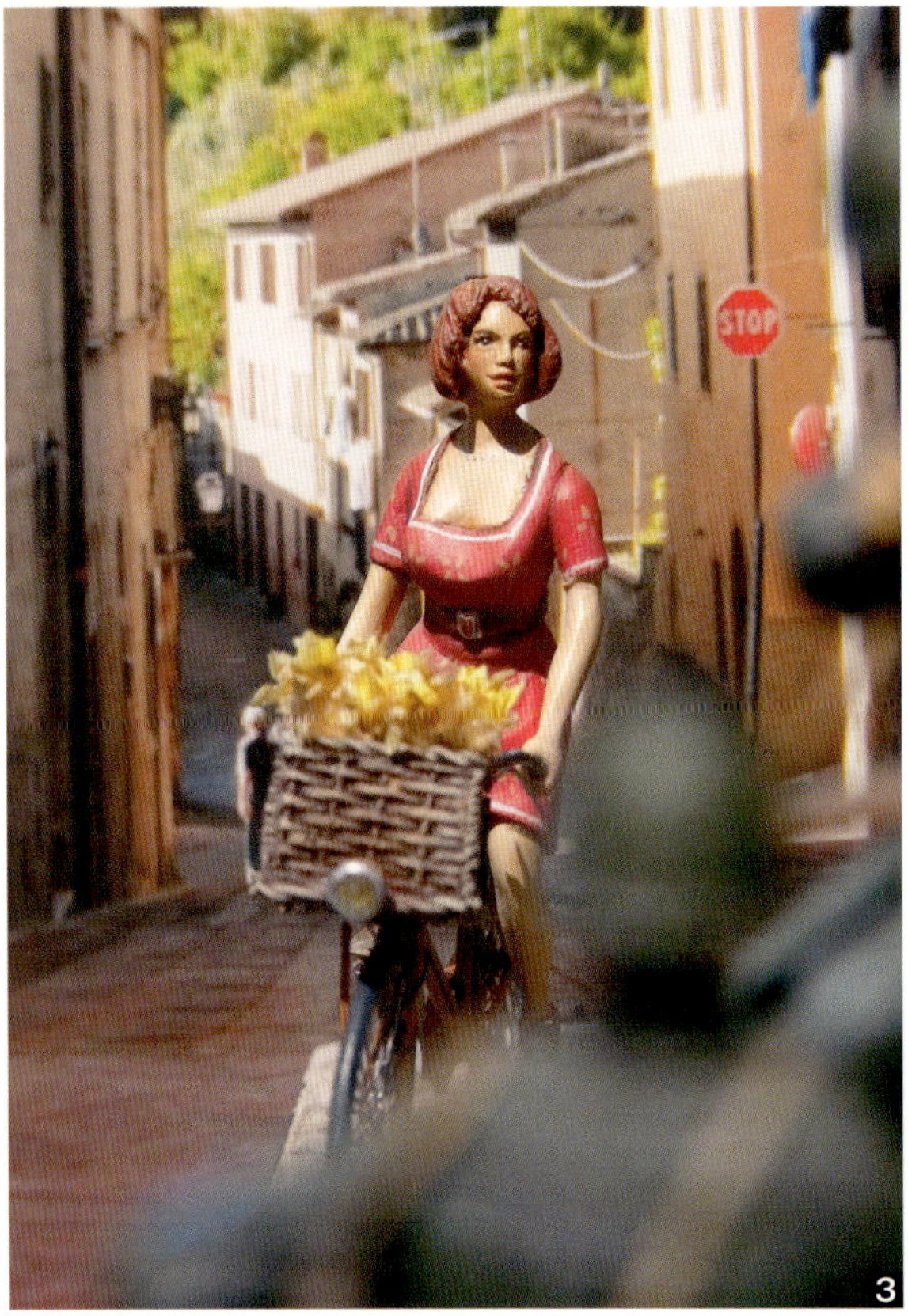

STOP

3

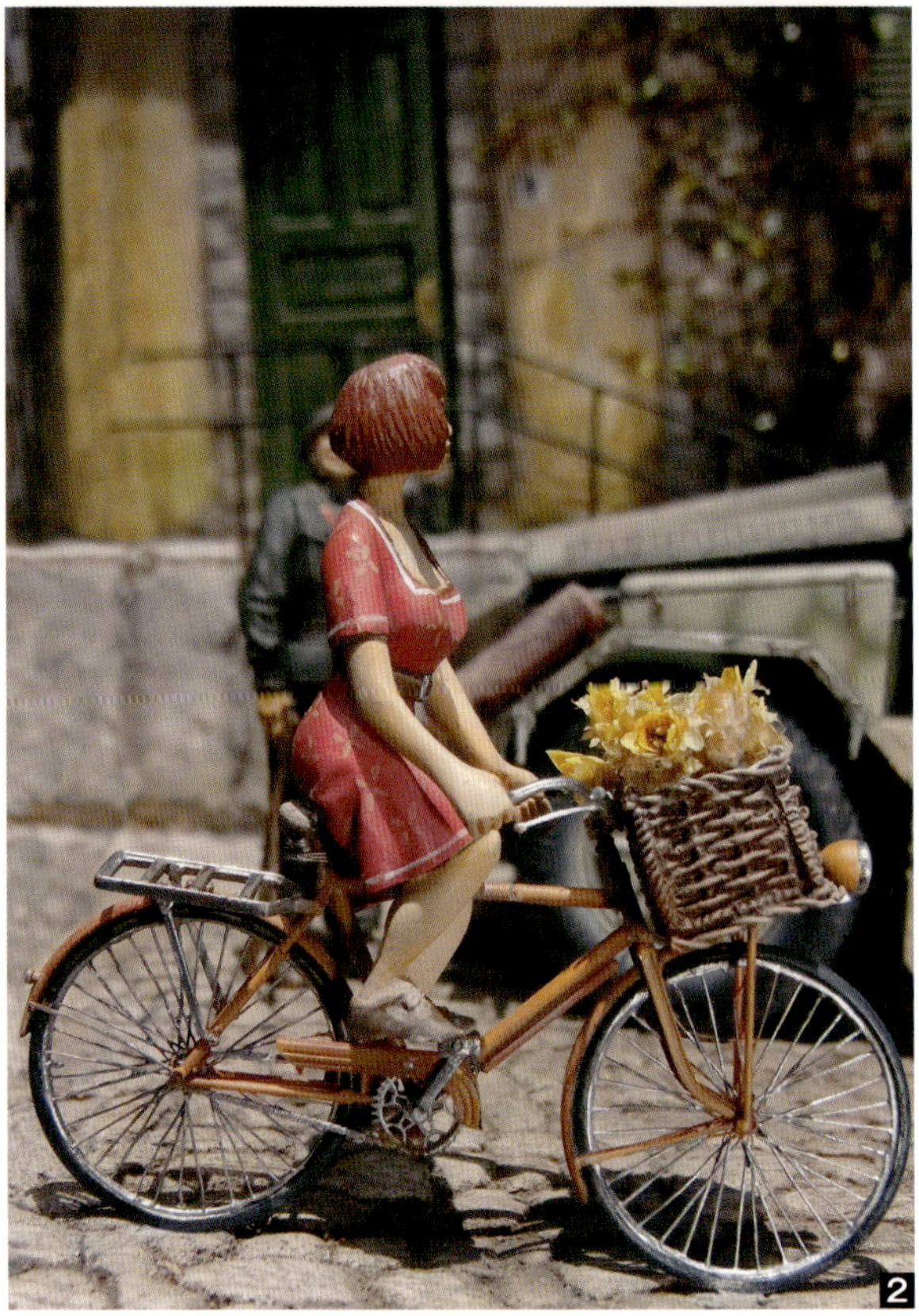

2

1坂道のローマ市内＋パトロール車輛＋任務中の4人の兵士、ベランダにいる親子、そしてみんなの視線の先には自転車に乗った女性、という構図。
2 3この情景の主人公、花売りの女性。服装、髪色（イタリア人女性は基本的には黒髪）、自転車の色全体は目を引くオレンジ系に統一。
4大型偵察車両「サファリアーナ」は、砂漠用に開発された車輛だが、後期型はローマ市内を警備する「デチマ・マス義勇部隊」で使われた。
5 6 7本作制作当時は人気のなかった（今はアニメ「ガールズ＆パンツァー」で注目されている）イタリア兵は、ロシア兵から改造。さすが、オシャレの国イタリア。軍服もどこかシャレている。

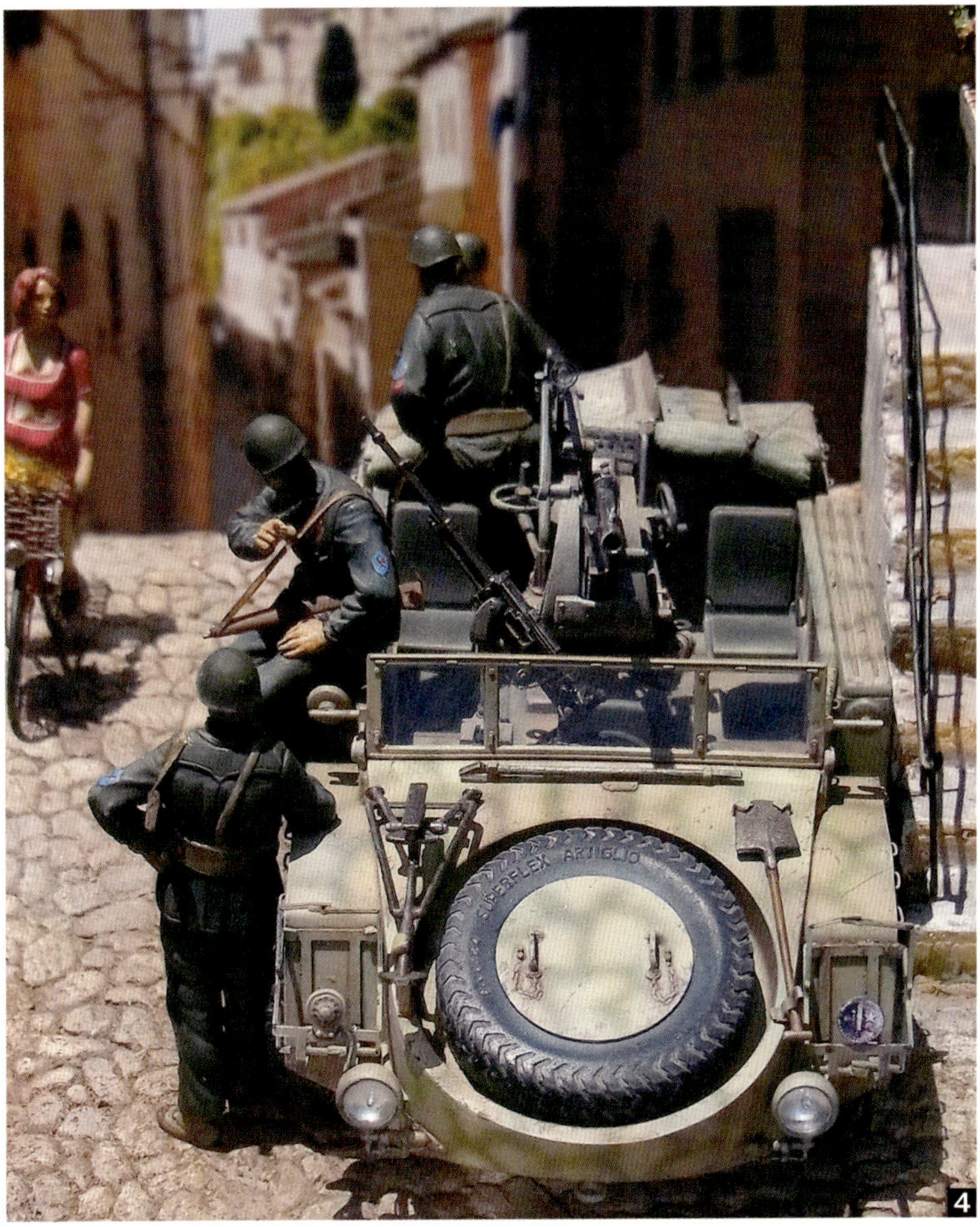
4

6

7

5

7建物に緻密なアクセントを与えたい時には「ツタ」が最適。作り方は「魅せる」の項（P65～）参照。
8イタリアの街並みには猫がよく似合う。タミヤの1/35ミリタリーシリーズ「ドイツ戦車兵 砲弾搭載セット」に入っている、有名な猫のオマケパーツ。
9ベランダから下を見下ろす、乳飲み子を抱く女性。「私も若い時には声をかけられたものよ……」と物思いにふける。
10イタリアの街並みに多い坂道、坂に合わせて段差がある入口、テラコッタの屋根瓦、川の石を敷いた石畳。イタリアの街の特徴を凝縮した情景のベース。
11 12前出の大型偵察車両「サファリアーナ」は、イタリアの模型メーカー「イタレリ」製のキットを、都市配備された後期型に改造。カエル顔の特徴あるフロントデザインで、操縦席が真ん中にあるユニークな車輛。開発したメーカーの親会社はフィアット。

すべての道は
ローマの石畳に通ず!?

10

12

11

ATTENTION
1/35scale・2007年制作
（『パンツァーグラフ！』作例）

この作品は、まず、西洋絵画に描かれるような「ありふれた街角」をジオラマで立体化。そこで展開される映画のワンシーンのようなストーリーを加味して制作したものです。

以前から作ってみたかったイタリアの街並み。どの街角もポストカードになりそうな魅力ある佇まいです。初めて作るイタリアのジオラマならば、わかりやすいイタリアのイメージを凝縮した作品でまとめようと考えました。そして、思いついたイタリアの印象は「女性を見たら口説かないと失礼にあたる！」です。イタリア人タレントのジローラモさんをTVでよく見かける頃だったので、そこで受けた印象を取り込むことを思いつきました。ジオラマの題材のヒントはどこにでも転がっています。

主役は華やかな自転車に乗って走り抜ける花屋の娘。パトロール中、エンジントラブルで暗い顔だった兵士の表情がパッと明るくなり、みんなが申し合わせたようにいっせいに声をかけます。その兵士たちの背後には昔の自分を重ねながら思い出にふける夫人。ATTENTION（注目）には、そんなダブルストーリーが込められています。

暗い戦争のさなかでも、楽しかった思い出が詰まったトランクが。そんなコンセプトから、ジオラマの台にはアンティークの革製鞄を探しました。鞄の表面には当時のイタリアの古い広告のコピーを貼り、時代感を演出しました。

« 5 SIDE VIEW »

TOP

Ⓓ 234mm

Ⓦ 342mm

RIGHT

Ⓗ 260mm

FRONT

LEFT

BACK

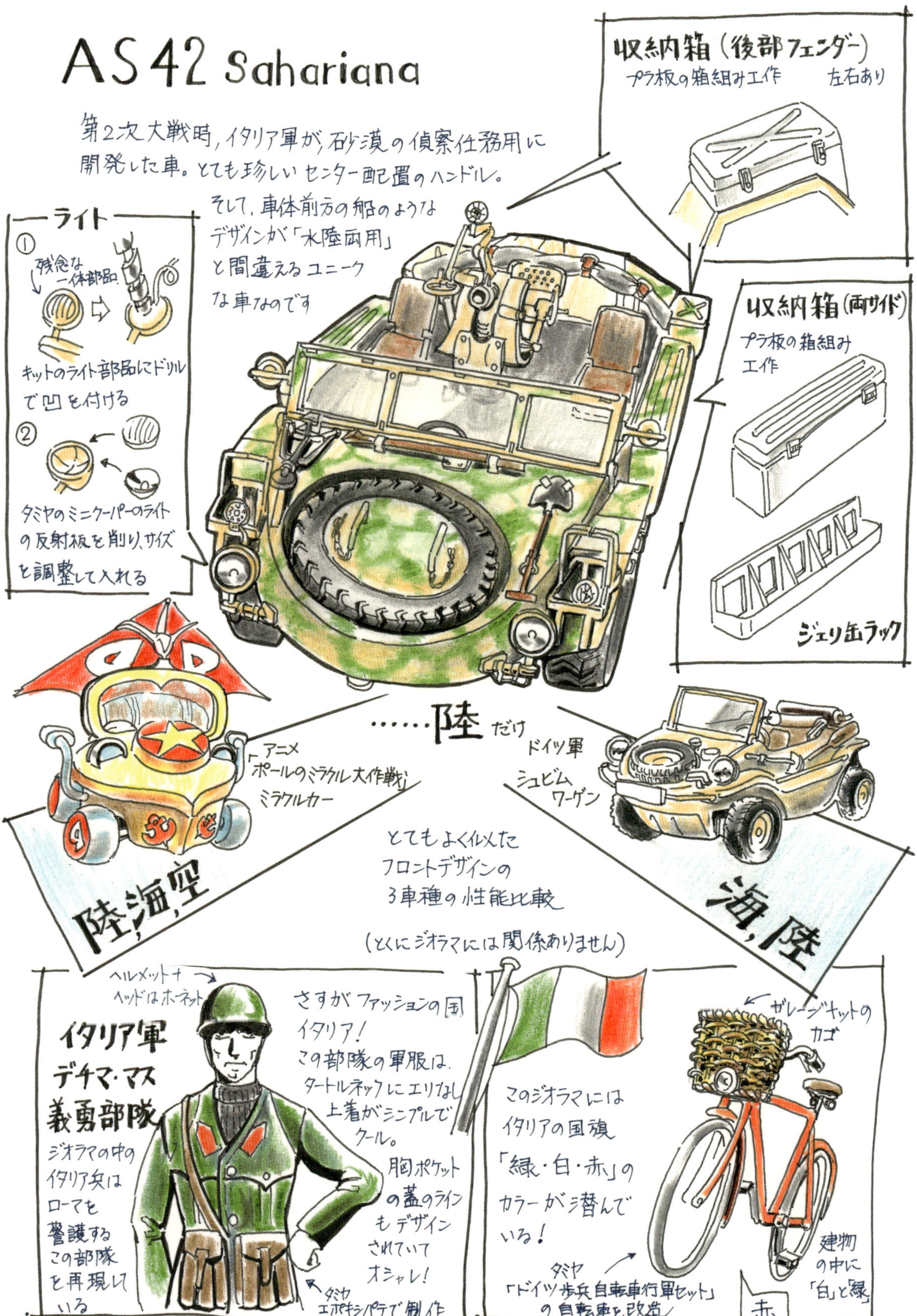

AS42 Sahariana
第2次大戦時，イタリア軍が，砂漠の偵察任務用に開発した車。とても珍しいセンター配置のハンドル。
そして，車体前方の船のようなデザインが「水陸両用」と間違えるユニークな車なのです
収納箱（後部フェンダー）
プラ板の箱組み工作
左右あり
収納箱（両サイド）
プラ板の箱組み工作
ジェリ缶ラック
ライト
①
残念な一体部品
キットのライト部品にドリルで凹を付ける
②
タミヤのミニクーパーのライトの反射板を削り，サイズを調整して入れる
……陸だけ
アニメ「ポールのミラクル大作戦」ミラクルカー
陸，海，空
ドイツ軍 シュビムワーゲン
海，陸
とてもよく似たフロントデザインの3車種の性能比較
（とくにジオラマには関係ありません）
ヘルメット＋ヘッドはホーネット
イタリア軍 デチマ・マス義勇部隊
ジオラマの中のイタリア兵はローマを警護するこの部隊を再現している
さすがファッションの国イタリア！この部隊の軍服は，タートルネックにエリなし上着がシンプルでクール。
胸ポケットの蓋のラインもデザインされていてオシャレ！
タミヤ エポキシパテで制作
このジオラマにはイタリアの国旗「緑・白・赤」のカラーが潜んでいる！
ガレージキットのカゴ
タミヤ「ドイツ歩兵自転車行軍セット」の自転車を改造
建物の中に「白」と「緑」
赤

How to make

アテンション

絵と文　情景師アラーキー

ジオラマのテーマは絵はがきの古都の街角。その場所で展開される映画の1シーンのような物語。

時代は第二次大戦中のイタリア・ローマ……

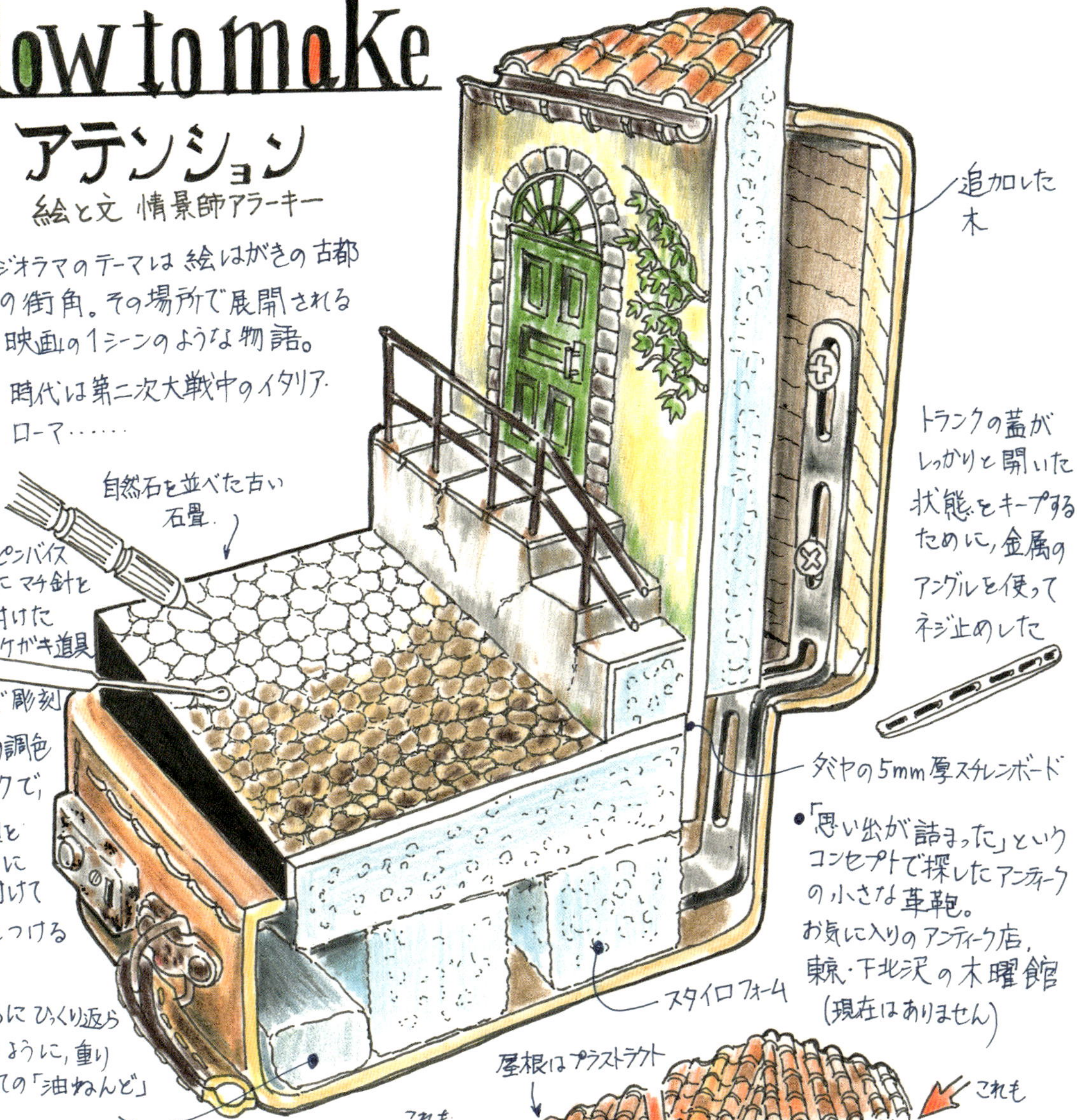

・「思い出が詰まった」というコンセプトで探したアンティークの小さな革鞄。お気に入りのアンティーク店、東京・下北沢の木曜館（現在はありません）

I Love

ウクライナの模型メーカー「ミニアート」は、ジオラマがすぐに作れる1/35スケールの建物を数多く発売している。ヨーロッパのジオラマを作るのに超便利な「ハウスアクセサリー」箱絵だけでも楽しい！

この建物はほとんどミニアートの「ハウスアクセサリー」を使っている

なんとプラモデルメーカーが18社もある模型大国！

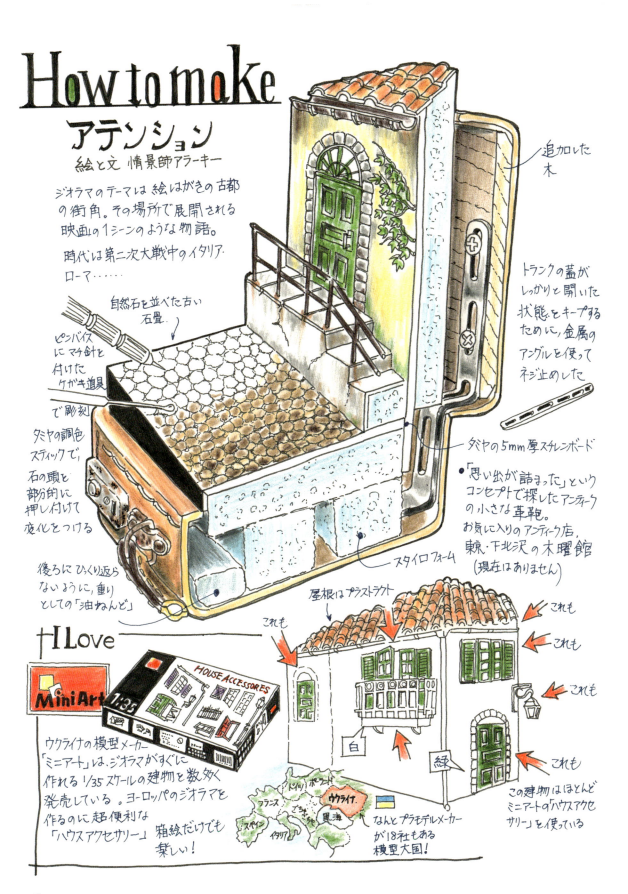

Detail

《情景❸》アテンション

7

1

8

2

9

3

10

4

11

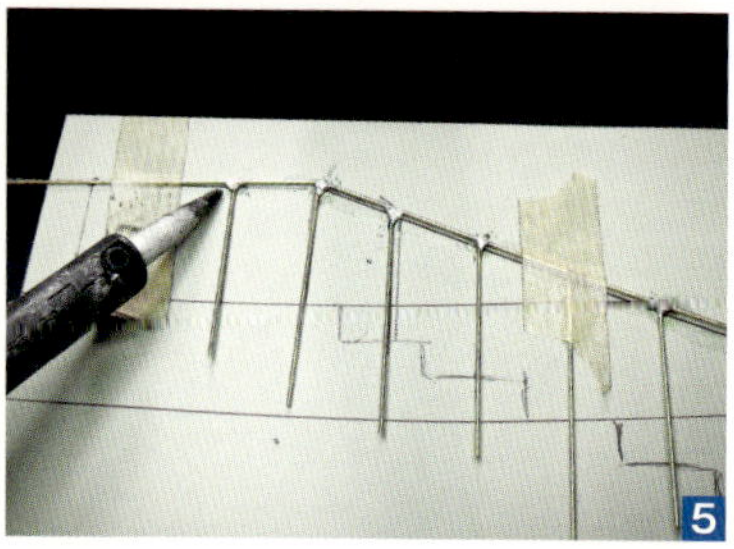

5

12

6

【 建物制作編 】

1欧州の街並み用の参考写真資料。『猫の旅 地中海』(河出書房新社)、『ヨーロッパの町と村』(グラフィック社)、『ヨーロッパの街並と屋根』(クレオ)。Googleの画像検索でも同様の写真は手に入る。**2**建物は、台にした鞄の蓋のサイズに合わせて2階建ての図面を引き、タミヤの5㎜厚スチレンボートにケガキ、モデリングペーストを塗布。**3**イタリア建築の特徴「テラコッタ」の屋根瓦は、Plastruct社のバキューム製。通販で手に入る。**4**表面に、薄く水で溶いたモデリングペーストを塗って質感を表現。**5**手すりは強度を考えて、φ5㎜の真鍮線をハンダ付け。プラ棒の工作でも可能。**6**窓枠、扉、雨どいは、miniart社の「ハウスアクセサリー」キット(赤の部分)。欧州の街並みを作るには最適なパーツが揃っている。**7**イタリアの古い街並みの色は、「タン」で、濃淡を付けながら筆塗り。**8**溶剤で希釈したグレーを流し込み塗装。凹凸が浮き出てくる。**9**屋根瓦は、資料写真を見ながら、アクリル塗料を混色してランダムに塗り分け。一気にイタリアの家らしくなる!**10**石畳の道と建物には、パステルのグレー系の色をまぶして色を落ち着かせる。仕上げに、水性のツヤ消しスプレーをさっと吹いて固定させる。**11**窓枠をグリーンで塗装。乾燥後に紙ヤスリで軽くヤスると、成型時のグレーが見えてきて「こすれて木目が見えた」感じが出る。**12**窓の内側に、レースの布を接着。まるで、奥に室内が見えてくるような印象になる。布の端切れを安く手に入れてストックしてある。

☛ 登場する、材料名、用具名は、P45〜「作る」の項で詳しく解説しています。

「作る」

「ペンは剣よりも強し！」
道具１つで始められることはたくさんあります。
しかし、ジオラマ制作では、
さまざまな道具を持っているにこしたことはない。
あれば仕上りが美しくなり、
あれば時間が短縮できるのですから。
特殊な道具を吟味して揃え、
目的に応じて使いこなすことも、
ジオラマ制作における楽しみの１つです。
見ているだけでわくわくしてくる
道具について語ります。

道具をたくさん揃えよう

あまり道具は持っていないほうだと思っていたのですが、今回、本書をまとめるにあたり、すべてを引っ張り出し、網羅、分類、整理、撮影してみたところ、これほど膨大な数になって驚きました。すべてが買ったものではなく、サンプルとして頂いたものなども。「とりあえず最新のものは試してみよう」ということで購入したものもあります。ジオラマが完成したあと、酷使して汚れた道具を1つ1つ手入れして、元の位置に戻す作業がとても好きで、次の作品作りへのいいリセットになります。

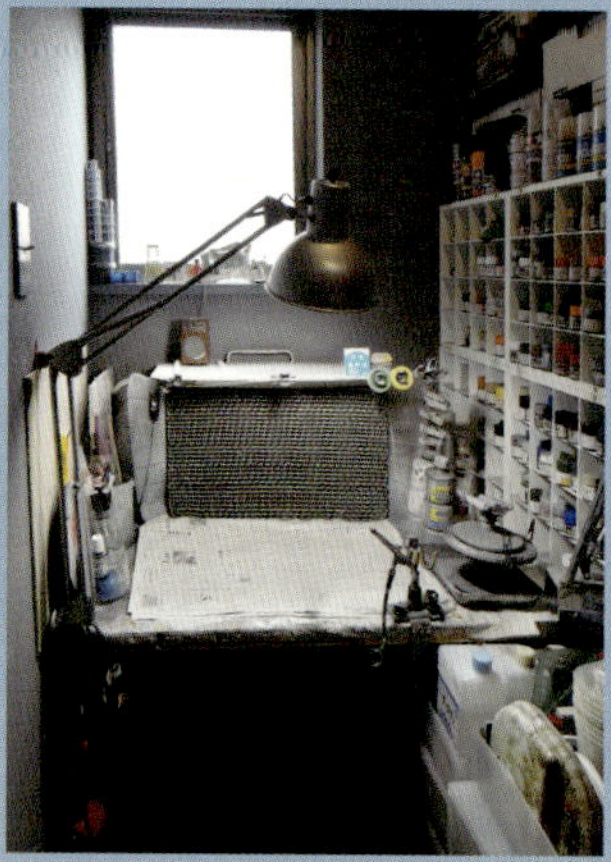

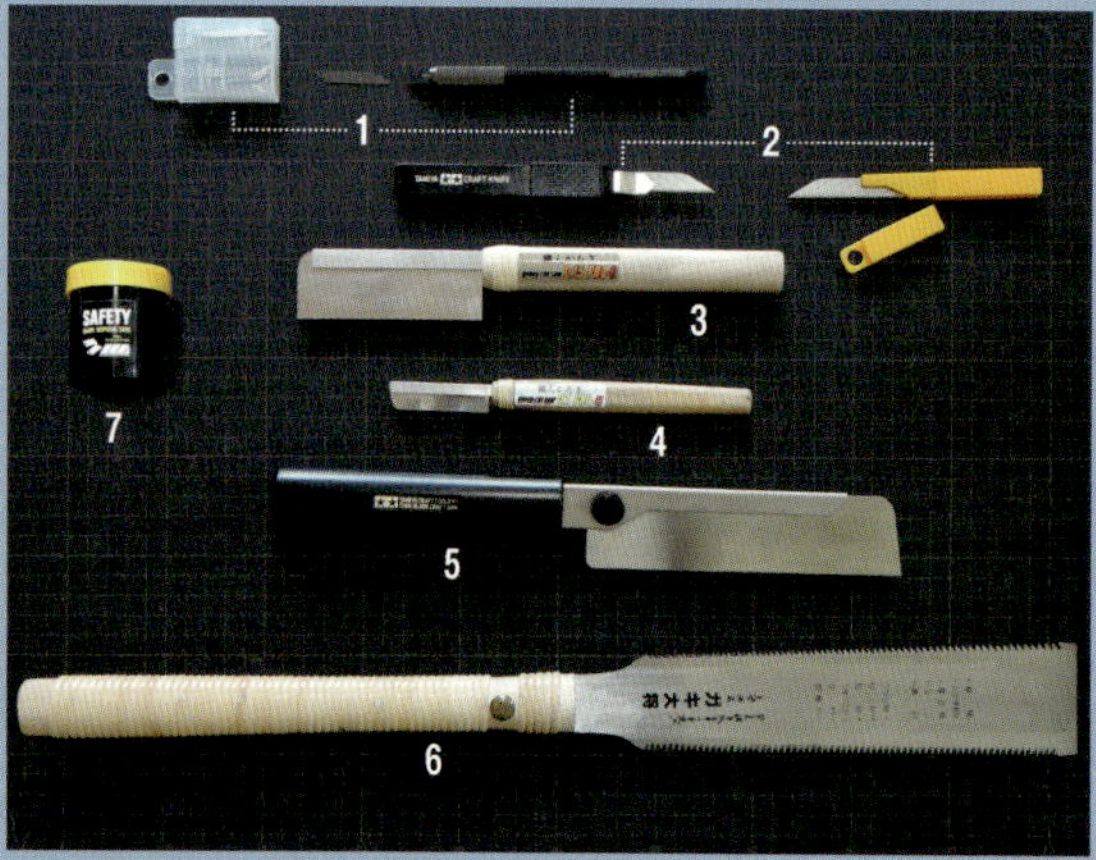

【切る】

1 デザインナイフ(タミヤ) 799円
小さな刃先で細かい作業ができる切り出し道具。まず買う最初のアイテムの1つ。

2 30度カッター(本体はタミヤの通常カッター) 410円
細密作業用として、通常のカッターの刃先よりも鋭い切れ込み「30度」が便利。私は、これ1つあればジオラマ工作ができると言えるほど多用している道具。先端が鋭いゆえに折れやすく、また、スパッと深く刺さるのでケガに要注意!

3 細密ノコギリ(職人かたぎハイパーカットソー 0.15Pro-C) 3240円
カッターではキツイ、厚みのある材料の「切断」作業用として便利。刃厚が0・15㎜と薄く切断面がキレイで、切り屑が少なく済む。値段は高額だが、すぐにもとが取れるすぐれもの。

4 細密ノコギリ(職人かたぎハイパーカットソー0・1) 3672円
上の3より薄い0・1㎜厚。プラモデルのスジ彫り用としても使用可能な切り溝の細さ! その分、ちょっと扱い方をミスすると刃がぐにゃりと折れてしまうのが難(写真のものはすでにヨレヨレ)。

5 薄刃クラフトノコ(タミヤ) 1404円
片手作業で使える軽くて小さなノコギリ。刃を交換できるのも利点。

6 両刃ノコギリ(各社) 2000円程度
木工用の両刃ノコギリは、ベース用木材の切り出しから、厚いスタイロフォームの切り出しまで、なんでもこい。

7 安全刃折器(OLFA) 231円
常に切れ味の良さを保つ刃になるようにかつ、安全に折るための必需品。

8 超音波カッター(本田電子) USW-334 3万4800円
ABSやPPなど粘りが強いプラ材、レジン製パーツ、3Dプリントした材料などを切断する際には、ノコギリではなくこれを使う。キレイな切断面になり、有害な粉も出ない。ただし、通常のプラ材の場合は、切断面が熱で溶けてキレイに仕上がらない。

9 サークルカッター(NT) C-2500P 2700円
直径30~160㎜の円型をカットする。ベニアなど厚い材料も切断可能で便利。

10 チョッパー2(Northwest Short Line) 1万円程度
押切りタイプの切断機。同じ長さの部材が大量に必要な時に重宝する。しかし、押切りゆえに切断面が潰れ、厚さ1㎜以上のプラ材では精度が出ないのが欠点。

11 パンチコンパス(ドラパス) 1080円
なんと、直径1・5㎜~100㎜までの小さな円が切れる、コンパス付きカッター。

作る

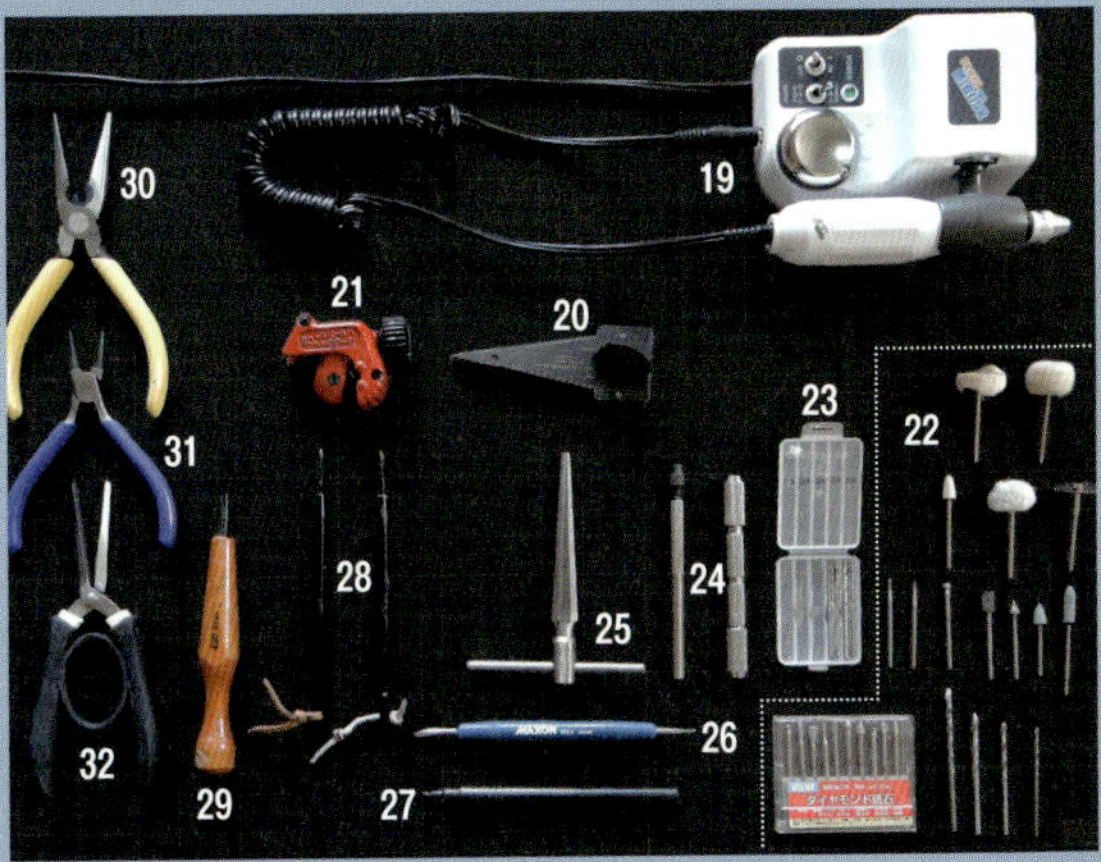

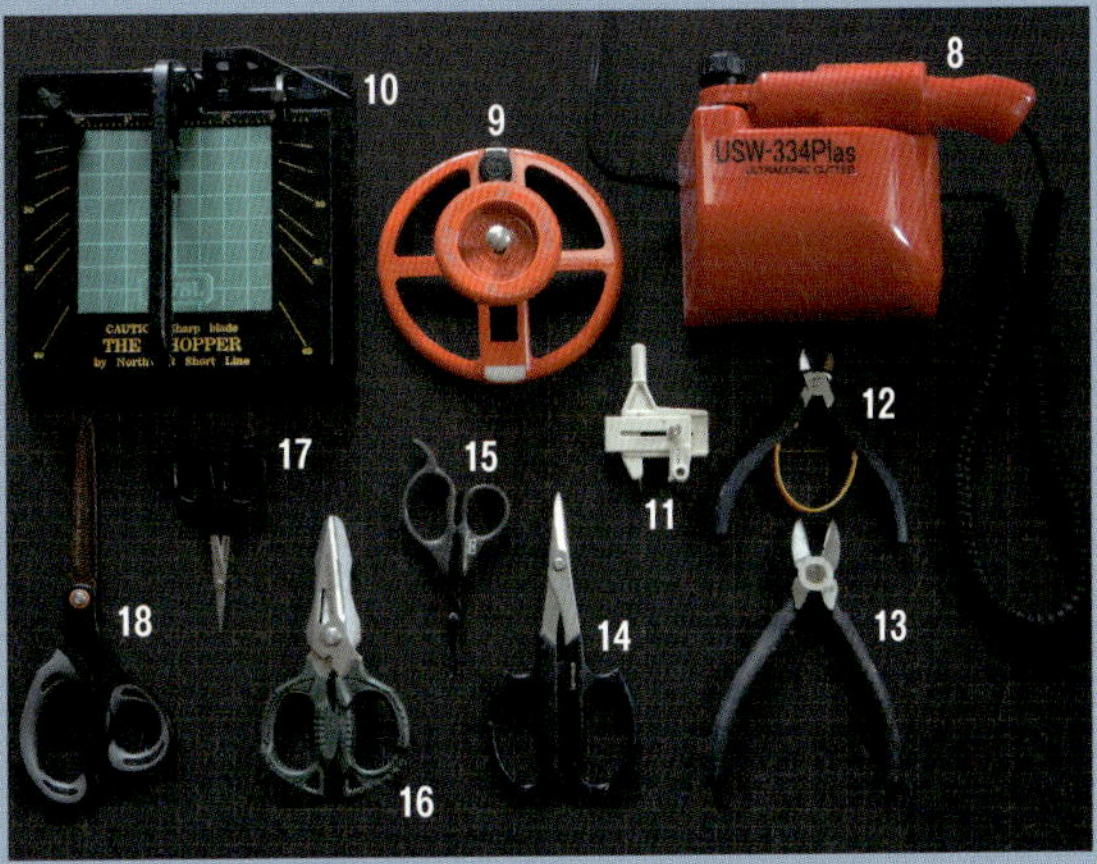

マスキングテープ、シールなどの切り出しに重宝する。

12 極薄刃ニッパー（グッドスマイルカンパニー）2674円
プラモデル制作の際、部品の切り出し作業に使用。ランナーから切り離した切断面がとてもキレイで、作業効率が上がる良質な道具。

13 金属用ニッパー ハイグレードザニッパー（KEIBA）3810円
真鍮線の切断、配線コードの加工用。長く使えるプロ用ツールが欲しくてこのブランドの物をチョイス。私が所有する道具の中で最も長く使用している。

14 エッチングハサミ（ミネシマ）1944円
エッチングパーツの切り出し用。金属の切断も難なくこなせる強靭な刃。真鍮線でも0・2㎜ぐらいならこれで切断することも。

15 クラフトツールデカールハサミ（タミヤ）1296円
ノリが付きにくいフッ素加工が施された細密作業用ハサミ。ジオラマに植え込む草のカットなど、繊細な作業用として重宝。

16 鉄腕ハサミ GT PH-55（エンジニア）2560円
太くて堅いものをなんでも切断可能な万能ハサミ。

17 極細デザイン用ハサミ DSB-100（長谷川刃物）1188円
タミヤのデカール用ハサミを酷使したので、それに代わるものとして購入。使いやすさは同等。

18 エアロフィット（コクヨ）1620円
刃先が長いのでラクに切れるクラフト用ハサミ。デザインに惹かれて購入。ハサミは「職人の道具」として、とりあえず試しに買ってみたくなる。

21 パイプカッター（各社）1000円程度
金属製のパイプや太めの真鍮線などを切断する。プラスチックのパイプなども切れるので便利。

【開ける】

19 マイクログラインダー KQ31-144（浦和工業）1万4904円
穴開け作業、削り作業、研磨作業などの必需品。回転数の調整や反回転の切り替えができるタイプが便利。粉が大量に出るので、使う場所に配慮を。

22 グラインダー用のビット各種（各社）500～1500円程度
研磨用や切断用など、各種揃えておくと便利。バラ売り、セット売りなどバリエーションいろいろ。

23 極細ドリル刃セット（タミヤ）1080円
初心者にオススメのドリル刃セット。0・3／0・4／0・5／0・6／0・8㎜と、ケースに小分けされているので便利。極細の穴開け作業の必需品0・3㎜刃は繊細で、折れる頻度が高いので注意。

24 ピンバイス（タミヤ）1404円
極細の穴開け作業で、ドリルに装着して使用する必需品。先端にマチ針を装着してケガキ道具としても使える。左の細いタイプは、私が中学時代に購入したもので、プロの道具を手に入れた喜びと、開けた穴が高精度だった感動は忘れない。

25 シャーシリーマー（ライト）1600円
穴を拡張する道具。大きなφのドリルがない場合は、これで小さな穴をグリグリと回転させ大きくする。昔は、カッターを穴に突っ込んで広げていたが、正確な円にはならなかった……。

【こする】

26 トランサー（MAXON）840円
インスタントレタリングをこすって転写するための専用スティック。

【掘る・彫る】

27 リベットスタンパー（ハセガワ）1728円
直径0・4㎜の凹刻印が彫刻できる。航空機のリベット表現などに最適。

28 細密マイクロナイフ TK-01/02（EIGER Tool）1426円
刃幅1・2㎜の極小のノミ。カッターで工作できない小さな穴掘り加工や削り加工に超便利！ 左の（大）は刃幅3㎜。

29 パワーグリップ彫刻刀・三角（三木章）856円
ミゾ彫り工作、木目彫刻など、「彫刻工作」には必需品。取手が持ちやすくてお気に入り。

【曲げる】

20 クラブハンドラー（Mission Models）8375円
真鍮線をコの字型に曲げる作業が簡単にできる。均一サイズで作れるので、タラップハシゴなどの工作に超便利。現在入手困難で、他社から「ハンドルメーカー」の名前で同様の物が発売されている。

30 ラジオペンチ（各社）1200～2000円程度

31 丸ペンチ（各社）800円程度
真鍮線や金属部品の曲げ加工に。普通のラジオペンチでは、金属の表面にペンチの滑り止めのギザギザの傷が付くので、丸ペンチがオススメ。繊細なエッチングパーツの折り曲げに便利。

32 エッチングベンダー（タミヤ）2160円
繊細なエッチングパーツの折り曲げに便利。

※価格は「メーカー希望小売価格（税込）」のものです（2016年6月現在）。 正式な値付けがないものは「程度」とし、おおよその「相場価格」で記してあります。

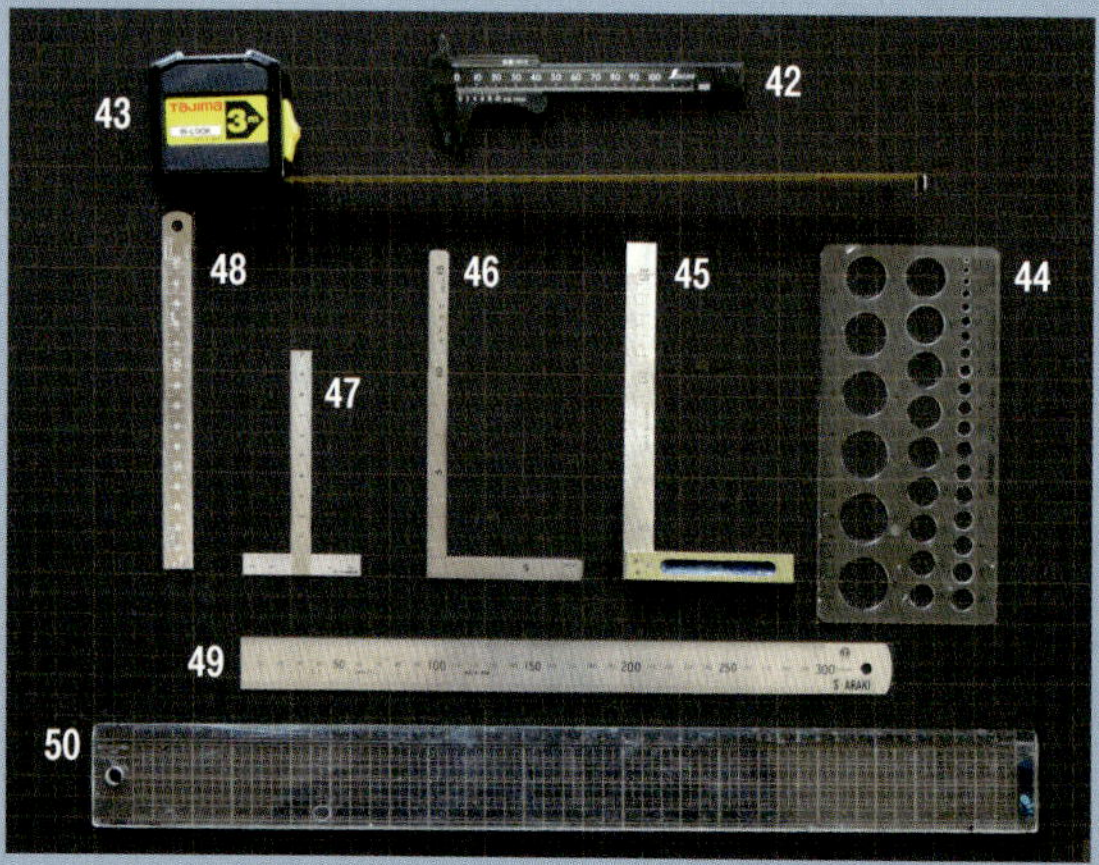

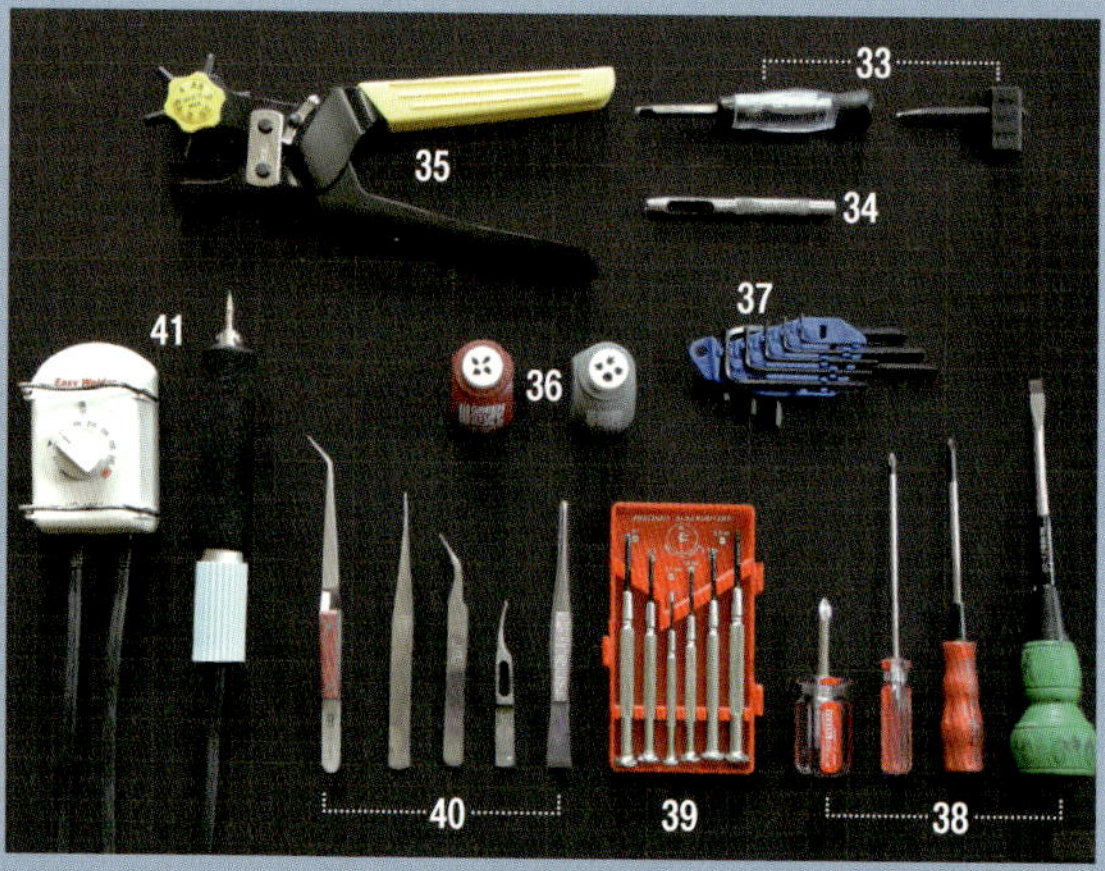

【開ける】

33 モデラーズポンチ(タミヤ)
2160円
紙、プラ板を丸型に切り抜く必需品。φ2／φ3㎜。

34 φ6㎜ポンチ(SK11) 424円
35 レザーパンチ(SK11) 1385円
紙、プラ板への穴開け、くり抜きが、グリップを握るだけで簡単にできる。φ2／2・5／3／3・5／4／4・5㎜。

36 リーフパンチ(グリーンスタッフワールド) 各2000円
1／24～1／35サイズの4種類の葉っぱを切り抜けるパンチ。実際の枯れ葉をパンチすると、リアルな落ち葉のミニチュアを作ることができる夢のような商品。

【回す】

37 極小六角レンチ(各社)
500～1000円程度
めったに使うことはないが、極小の六角ボルトの固定などに。

38 ドライバー各種(各社)
500～1000円程度

39 細密ドライバー(各社)
各500～1000円程度
固定、取り外しが簡単にできるネジ止め加工は、ジオラマにおいても用途によっては使用することがある。

【つまむ】

40 ピンセット各種(各社)
500～1500円程度
細密工作の必需品。長さや太さ、先端の曲がり方などの違いで数種類は用意しよう。とりあえず「ツル首」という名称のピンセットは必ず手に入れておく。

【溶かす】

41 ヒートペン HP-1000(ブラッツ)
8316円
プラスチックを溶かして加工する道具。温度調整が可能。各種先端ビットを交換できる。プラスチックの、人の髪、動物の毛、城模型の石垣、木目などの融解彫刻に向いている。持っていれば表現の幅がぐっと広がる便利な道具。

【測る】

42 プラスチックノギスポッケ(シンワ測定) 918円
自作、改造の際の計測としてノギスを1つは持っておきたい。金属製の大型のものよりも、軽いプラ製のモノがオススメ。

43 メジャー(タジマ)
2000～5000円
ジオラマにする実際の対象物などを計測して、縮小したサイズで図面を引く際に使用する。工事現場でも使われているタフなタイプがプロっぽくていい！

44 テンプレートP型円定規(ドラパス)
540円
さまざまな大きさの円を描くための定規。

45 直角定規(各社) 1500円程度
46 曲尺(各社) 300～1000円
ジオラマベースなどの直角出しに使用。

47 ステンレスT定規(ウェーブ)
918円
T型の縦横の結合部に段差があり、そこを材料に引っ掛けられるのでストレスなく垂直が出せる。手放せない秀逸道具！

48 直線定規ステンレスC型15㎝(コクヨ) 350円
ジオラマ工作での必需品。薄いので曲面にも対応する。スジ彫り作業にも最適。

49 ステンレス直定規30㎝(コクヨ)
821円
この、やや大きめのサイズも必需品。

50 カッティング用方眼定規50㎝(ステッドラー) 2484円
5㎜厚のアクリル製定規。材料の切り出しの際に、カッターが定規を脱することなく安全に切り出せる。50㎝サイズの長い定規は持っておきたい。

【削る】

51 ドレッサー中目 L-30P(NTカッター) 1500円
交換可能な金属製プレートヤスリが付いた、持ち手付き研磨道具。木工から、発泡スチロール、プラスチック、石膏まで、大胆にならす作業の必需品。必ず買うべきオススメ道具。

52 ドレッサー中目 RM-320P(NTカッター) 1080円
右のものの小型、丸形タイプ。

53 ワイヤーブラシ(各社)
300～1000円
金属ヤスリの目に詰まったカスを取り出す、手入れ用ブラシ。超快適な作業を継続させるために！

54 ヤスリスティック 各種あり(ウェーブ) 500円程度
プラスチック板の両面に紙ヤスリを貼り付けただけの商品だが、超便利。ハード、ソフトタイプあり、用途に応じて使い分けたい。

55 スポンジヤスリ(タミヤ／3M)
300～500円

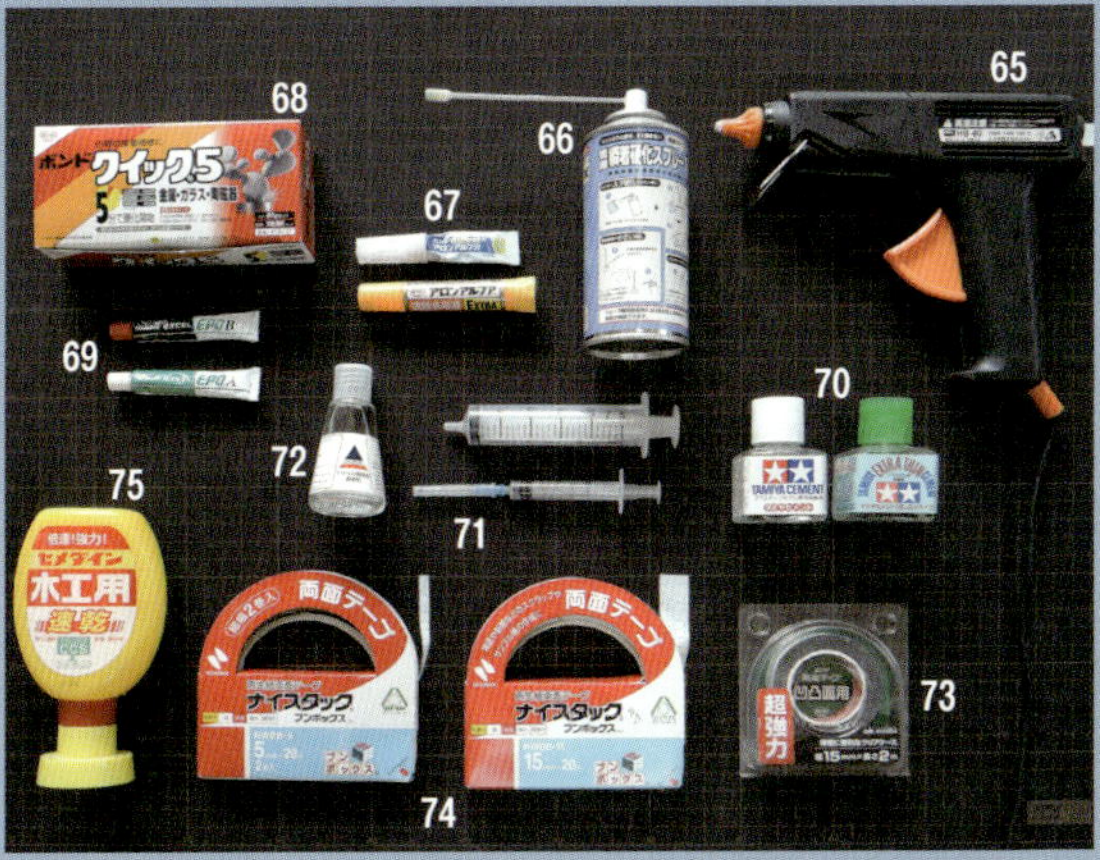

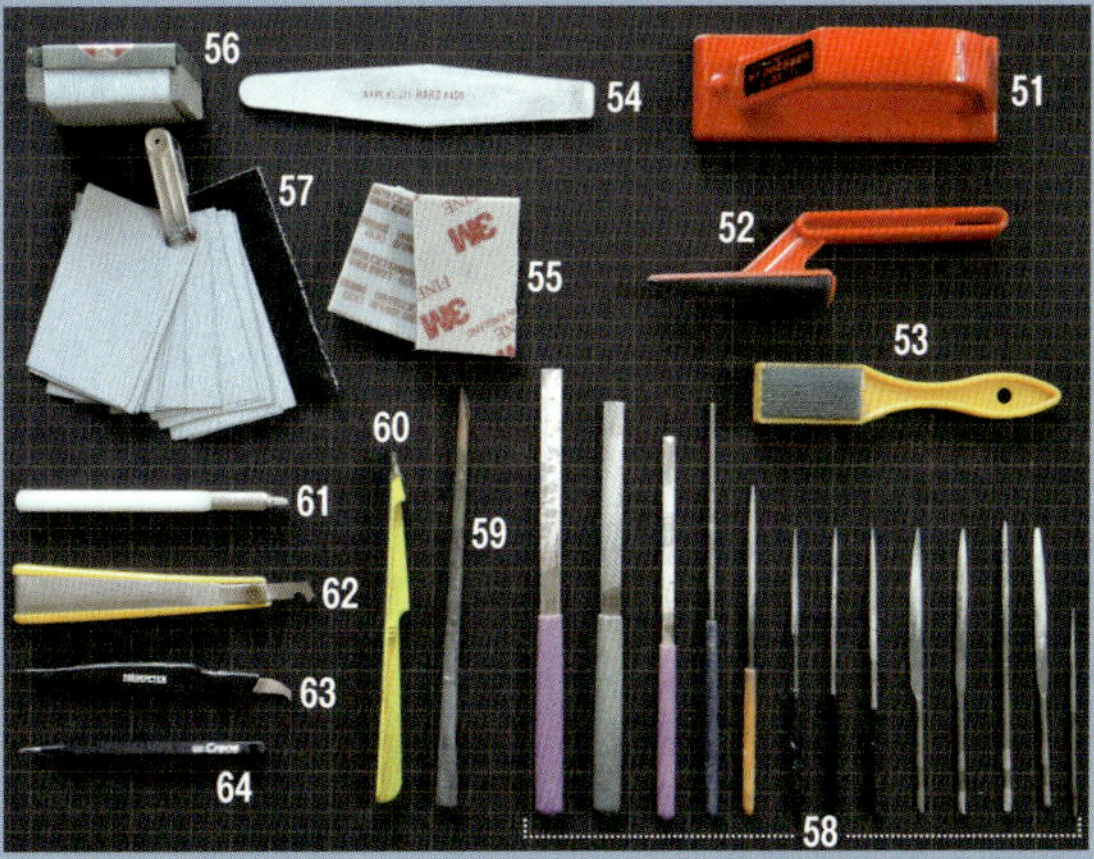

ヤスリの革命！　スポンジゆえ均一に力が入り、削り過ぎず、なめらかに仕上がる。3Mのほうが削りやすくて好み。

56 サンディングブロック(Handy Crown) 500～1000円
サンドペーパーを挟んで固定し研磨作業ができる道具。

57 紙ヤスリ(各社)50～500円
水に濡らして、なめらかに研磨できる「耐水ペーパー」400番～2000番まで。木工用の布ヤスリは80～180番を、荒削り用として。使いやすいように、名刺サイズにカットしてクリップでまとめている。

58 金属ヤスリ各種(各社) 200～2000円
平型から棒型、目の粗さが違うものなど、各種揃えておきたい道具。爪楊枝サイズの極小サイズのものもある。どれを買おうか迷ったら、最初は、タミヤの3種類入りのヤスリセットがオススメ。

59 サンドペーパーホルダー(各社) 1500～2000円
紙ヤスリを棒状パーツに貼って使用する。

60 サンドペーパーホルダーの手作り品
割りばしなどに、両面テープで紙ヤスリを貼って代用することも多い。なぜなら、仕上げたい形状に合わせるため。オリジナルな道具を作るのも面白さの1つ。

61 タガネホルダー(スジボリ堂) 500～1000円
スジ彫りや、段差を掘るセラミック製の刃、タガネを差し込み使う。

62 Pカッター(OLFA) 500円
プラ板を切る際に、折りミゾを入れる道具。造型としてのミゾを彫る道具としても使用。持っておきたい定番品。

63 ラインエングレーバー(ハセガワ 写真は同等品) 1728円
Pカッターの小型版。ミゾ彫り作業に最適でお気に入りの道具。

64 Mrラインチゼル(GSIクレオス) 3200円
ミゾ彫り作業用道具。鉛筆のようで軸が持ちやすい。

【付ける】

65 ホットボンド HB-80(goot) 2300円
スティック型の接着剤を熱で溶かして固着させる道具。固まるまでの時間が短く、表面の凹凸があるものも接着可能。固定されたあとは、ドライヤーで熱を当てるとはずれ、やり直しができるのが便利。ダンボール箱の工作や、石、スタイロフォームの固定に。

66 瞬間硬化スプレー 徳用(ウェーブ) 1747円
くっつけたい部分に最初にスプレーしておき、あとから瞬間接着剤を塗った部品を付けると瞬時に固定される。垂直面への固定に便利。壁にツタを付ける作業で多用。

67 アロンアルファ 瞬間接着剤(コニシ) 500円程度
ゼリータイプは乾燥後に周囲が白化せずに、使いやすい。時間がない場合はほとんどの接着をコレで済ませることもある。流し込みタイプも用途により使い分ける。

68 クイック5(コニシ) 1080円
2つの液を混ぜると反応するエポキシ系接着剤。5分で強靭な接着ができるので時間短縮に。ホットボンドと併用すれば作業がぐっと効率的！

69 ボンドエポクリアー(コニシ) 734円
2液性エポキシ系接着剤の透明タイプ、数分で硬化する。水たまりやバケツの水の表現など、透明再現用の素材として重宝する。模型用塗料を混ぜて着色も可能。

70 タミヤセメント(タミヤ) 流し込みタイプ(右) 419円 通常タイプ(左)340円
プラモデル工作の定番接着剤。どろっとした通常タイプ、さらさらした流し込みタイプ、対象の部品に応じて2つ揃えておきたい。

71 インジェクター(各社) 3本セットで500円程度
注射器と同様に使う。先端が尖っていない流し込み作業用。水で溶いた木工ボンドを、太いインジェクターで流し込んで接着する。

72 アクリルサンデー接着剤(アクリルサンデー) 658円
透明アクリル板で、展示用のケースを作る時に使用。インジェクターとセットで使うといい。

73 超強力両面テープ(3M) 500円程度
建築用としても使われる強化タイプ。粘りがあり衝撃を吸収するので、接着剤よりもこちらを選んで接着することもある。ただし、接着面が、テープの厚み分浮き上がるので注意。

74 両面テープ(各社) 200～500円
紙ヤスリの固定から、ジオラマ内のミニチュアポスターの貼り付けまで多用。最低でも、幅5㎜と10㎜は揃えておきたい。

75 木工用接着剤 速乾(セメダイン) 378円
ジオラマ工作の定番用具。木材、紙、ドライフラワーの固定、水で溶いて流し込み接着、水たまりや水面などの表現にも使用。乾燥すると透明になるので、車の模型ではライトやフロントグラスなど透明部品の接着にも便利。

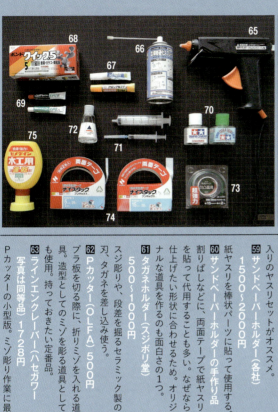

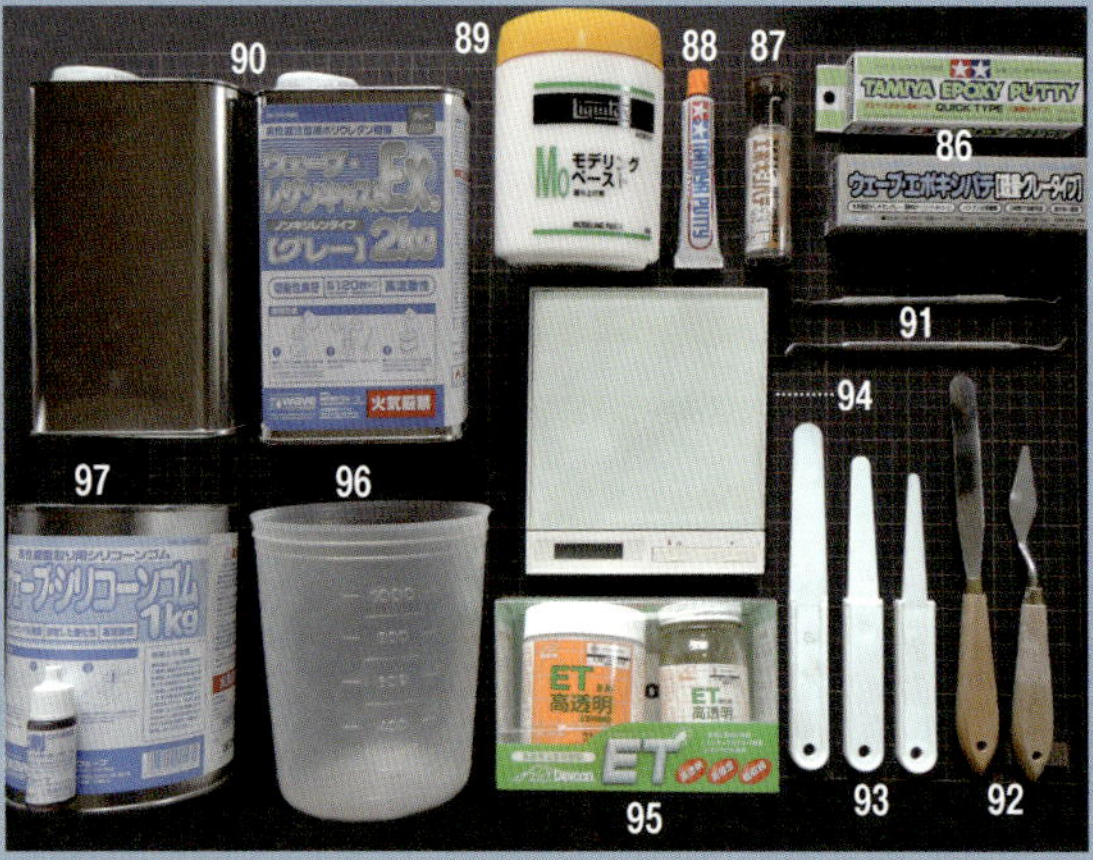

【付ける】

78 ハンダゴテ 40W（白光）
1000円（右のスタンドは別売）
金属接着の定番である必需品。手すりなど、強度が必要な部品は真鍮などの金属部品で作るため必要に。

79 電子工作用ハンダ（goot）480円
80 フラックス（各社）200〜800円
ハンダ付けの促進剤。ハンダの広がりが悪い時に使用する。

81 ハンダ吸収線（各社）
300〜700円
右の3点は、ハンダ工作必需品。フラックスを塗り、ハンダを溶かして接着。はみ出した余計なハンダを、吸収線にしみ込ませて取り除く。

82 ツールクリッパー TX-303
（TSK）1895円
ハンダ作業で、対象物を固定する自在クリップ。

【開ける】

76 電動ドリル M-609（マキタ）
8300円
一家に1台は欲しい電動工具の定番はジオラマにも大活躍。穴開け、グラインダーによる削り、電動ドライバーなど、パワーが必要な各種作業に。

77 木工ドリルビットセット(BOSCH)
1720円

【熱する】

83 ヒートガン1500W（リリーフ）
4545円
高出力のドライヤーのような道具で、加熱しての変形加工に超便利。バキュームの加熱、造型粘土スカルピーの焼き付けなどに使用する。

84 ドライヤー（各社）
工作用として、ホームセンターなどで安いタイプを購入しておきたい。

【守る】

85 セーフティーゴーグル（スワン）
650円
電動工具などを使用する際には、目を守るため必ず着用するように！

【成型する】

86 エポキシパテ（上・タミヤ／下・ウェーブ）420円／1058円
2つの粘土を混ぜると2時間ほどで硬化する造型粘土。しっかり硬化する定番のタミヤ製、やわらかく造型がしやすいウェーブ製。用途に応じて使い分け。

87 木工エポキシパテ（セメダイン）
842円
約10分で硬化する混合系造型パテ。固まると木の質感に近い仕上がりに。工作もしやすいので、これを芯にして普通のエポキシパテでディテールを追加すると効率アップ！

88 タミヤパテ（タミヤ）262円
定番のパテ。ハミガキ状のやわらかさ。すき間埋めや、造型した表面を整える際に使用。シンナーで溶いて「溶きパテ」にするのが使い方の定番。

89 モデリングペースト（リキテックス）
1512円
石膏がバター状になった、アクリル画材用の盛り上げ素材。地面工作の定番として必ず買っておきたい材料。右のタミヤパテと同様、溶いて使える。

90 レジンキャストEXグレー
（ウェーブ）3758円
2液混合系ウレタン注型材。型取り材として最も使いやすい材料。特にグレーは、サーフェイサーカラーで形状がよくわかる。

91 スパチュラセット TM-4（ミネシマ）
2376円
粘土造型用の細密ヘラ。3種類のセットが便利（写真は1本紛失）。

92 ペインティングナイフ（各社）
500円程度
油絵用の描画ヘラ。モデリングペーストの盛り付け、ならし用として使用。

93 撹拌用ヘラ（各社）200〜500円
ペースト類を混ぜるだけでなく、モデリングペーストの塗り付け用にも使用。

94 キッチンスケール（各社）
1500円程度
シリコンゴムやキャストの混合の際、重さを計るために必要。安いタイプでOK。

95 デブコンET 300g（ITW）
3845円
2液混合透明エポキシ樹脂。川、海などの水の表現に最適。気泡が入りにくく、ヒケも少ない。時間経過による黄変もほとんどないすぐれもの。

96 PPディスポビーカー 1L（アサヒペン）164円
シリコンゴムやキャストの撹拌用、ポリ製ビーカー。固まった材料がツルっと取れるので何度も使用可能。

97 シリコンゴム 1kg（ウェーブ）
4298円
型取り材として、さまざまなメーカーを使ってみたが、流動性や耐久性などで、ウェーブ製が気に入っている。

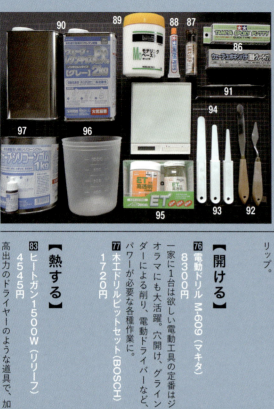

作る

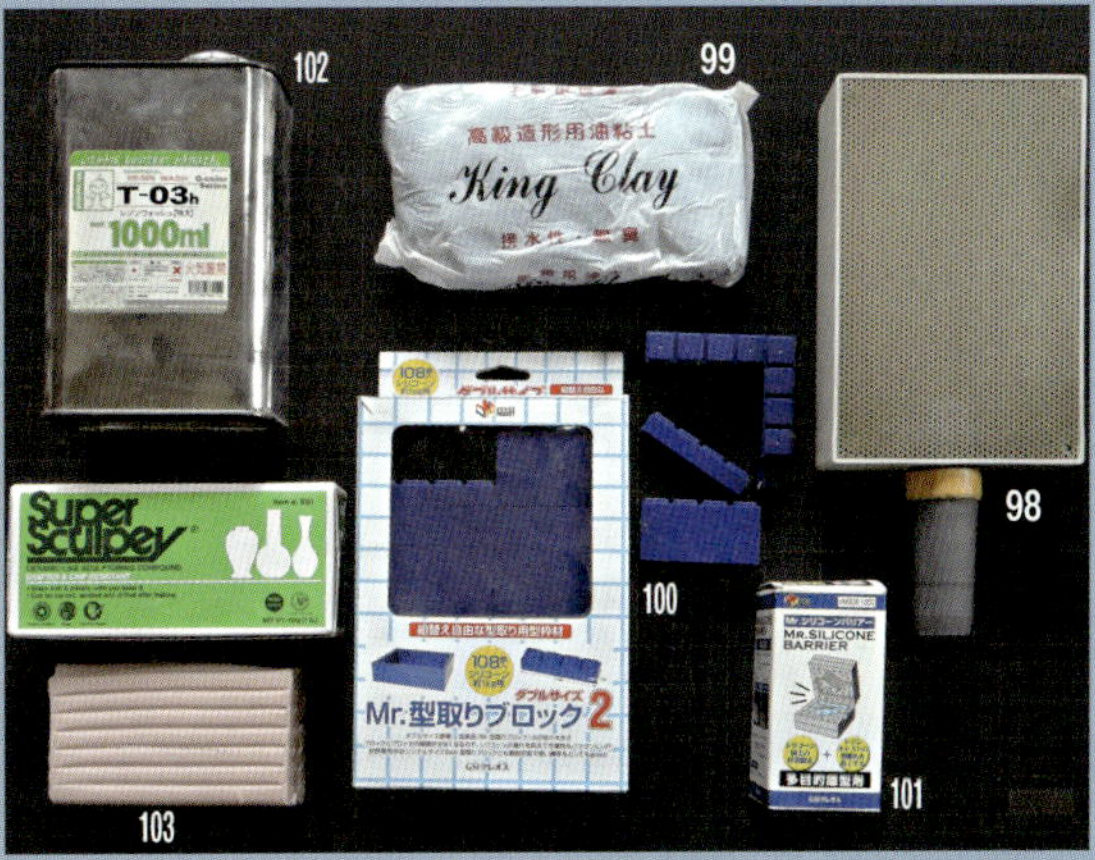

98 真空型取り器2000(ダイセルファインケム) 2100円
箱から突き出たノズルの先に掃除機を接続し、パンチングされた板の中央に原型を置き、ヒートガンで熱して、布のようになったプラ板をかぶせると、吸い込み作用で真空成形の型取りが可能。使い方にコツが必要だが、とても便利な道具。

99 油粘土(各社) 200~500円
型取りの際に、造型を油粘土に半分埋め込み、その上からシリコンゴムを流す。硬化後に油粘土を取り、対面側にシリコンゴムを流し込む、定番型取り法。

100 Mr.型取りブロック2 (GSIクレオス) 1448円
型取りの際にこれを使って、油粘土に埋めた造型を取り囲むように壁を作る。

101 Mr.シリコンバリアー (GSIクレオス) 1200円
シリコンゴムは、硬化後に流し込んでも、お互いに接着してしまう性質がある。設置面には最初からこれを塗っておけば接着を防げるコート材。

102 レジンウォッシュ(ガイアノーツ) 1620円
型取りしたレジン部品の表面に付いたコート材を落とす、専用の溶剤。

103 スカルピー(ポリフォーム) 2019円
キャラメル状の粘土。造型がしやすく、そのままでは硬化しない。オーブンやヒートガンで加熱すると硬化して、プラスチックのようになる造型粘土。

【塗る】

104 塗装用マスク防毒(SK11) 3000円
エアブラシ作業、型取り作業など、有機溶剤の作業中は必ず装着すること。健康を守る大切な道具。

105 Mr.キャップオープナー (GSIクレオス) 648円
固く閉まった塗料の瓶を開ける専用の道具。発売前には本当に苦労していたので、大変助かる一品。

106 Mr.マークソフター (GSIクレオス) 328円
水転写シールを軟化させて、ぴったりと貼れる溶剤。便利!

107 Mr.マークセッター (GSIクレオス) 377円
水転写シールがうまく付かない時などはこれで接着。水溶性のノリで、プラモデル側に塗っておき使用する。

108 Mr.メタルプライマー (GSIクレオス) 407円
エッチングパーツや真鍮線などを塗装する前に塗布する金属用下地剤。必需品。

109 ブラシエイド(トレイデント) 930円
筆の手入れ用溶剤。毛の芯や根元で固まった溶剤もキレイに落ち、筆が長持ちする。

110 マスキングリキッド(ハセガワ) 1200円
塗ってゴム状に固まるマスキング液。テープでは難しい面をリカバー。

111 マスキングテープ(3M) 30円~
塗装マスキングや部品の仮止め、荷造りなど多岐にわたって使える必需品。

112 コンパウンド(タミヤ) 300~600円
光沢仕上げに必要な、ペースト状コンパウンド。粗目、普通、仕上げ目の3種類。

113 コンパウンド用クロス(タミヤ) 1080円
磨きに適した布を開発。磨きやすく、毛羽立ちもない。

114 Mr.トップコート 光沢/ツヤ消し (GSIクレオス) 610円
作品の仕上げには必ず吹き付けるコート剤に。細かい砂やパステル剤などにもこれを吹いて固定する。

115 スプレーハンドル(各社) 700~1000円
スプレー缶に装着し、トリガー操作で、吹き付けの強弱を微妙にコントロールできる。

116 Mr.スーパークリアー UVカットスプレー(GSIクレオス)898円
ジオラマの大敵である「紫外線による劣化」を防ぐUVコート剤が入ったクリアースプレー。インクジェットでプリントした印刷物や、天然素材を使った木々などは、仕上げにこれをスプレー。

117 ファインサーフェイサーL(タミヤ) 648円
工作し終わったものを塗装する前に吹き付ける下地剤。塗装の食い付きがよくなり、細かい傷のチェックもできる。金属用プライマーの成分も入っているので、金属にも使えて便利。

118 キムワイプ(日本製紙クレシア) 450円
理科実験器具の清掃用に開発されたティッシュ。一般的なティッシュと違い毛羽立ちがない。水に溶けないので、シンナーによる拭き取り、エアブラシの手入れに最適。模型工作の必需品としてオススメ。

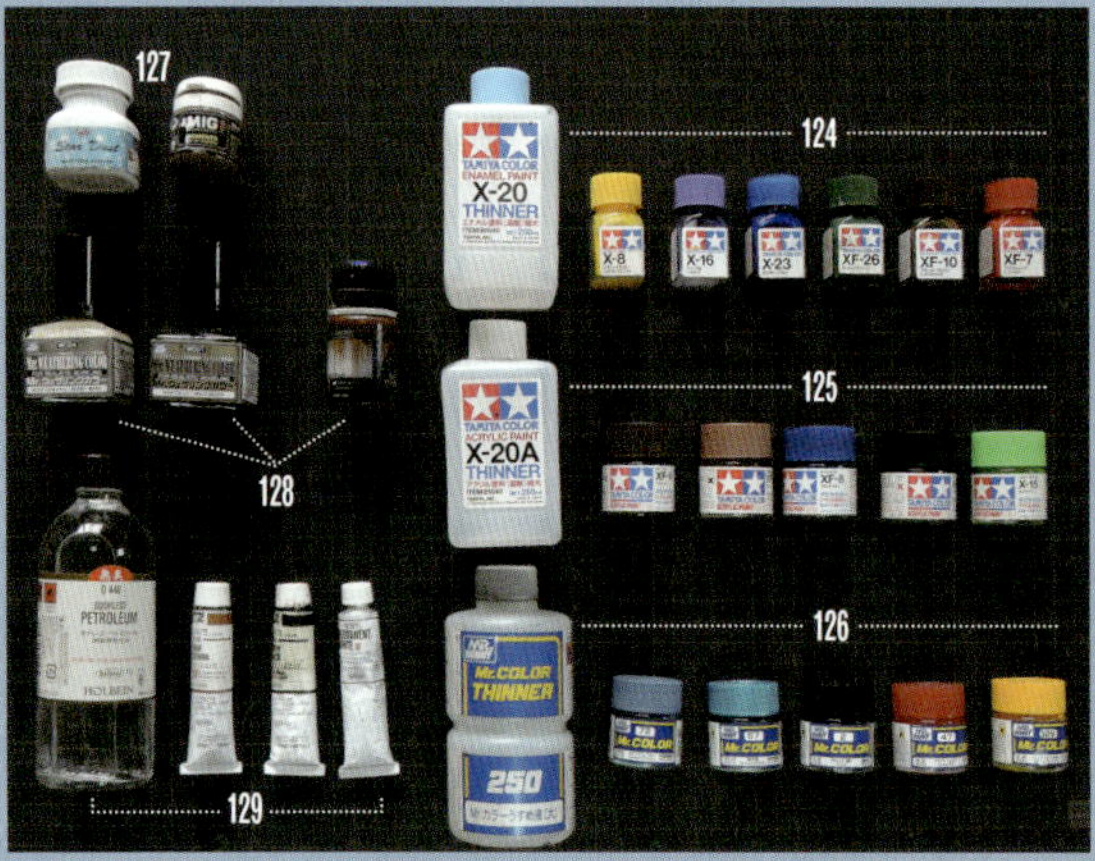

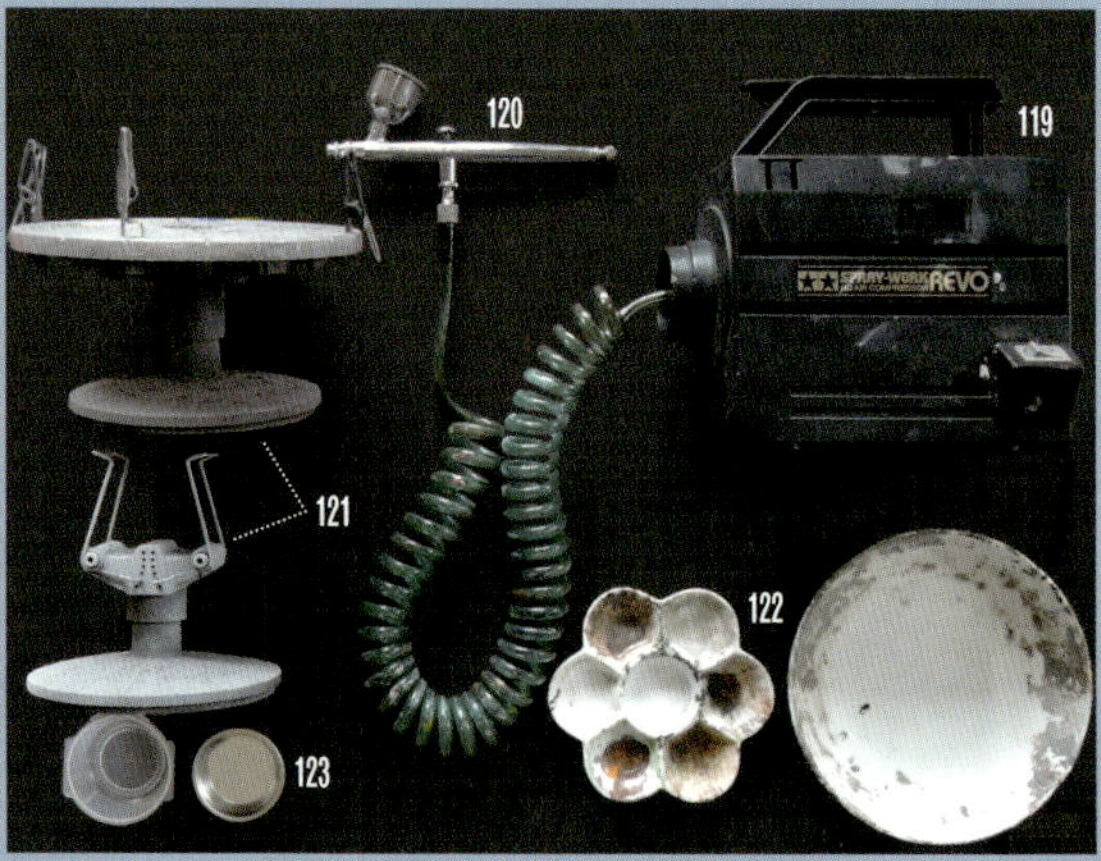

119 スプレーワークHGコンプレッサーレボ(タミヤ)絶版

120 スプレーワークHGエアブラシ3(タミヤ) 1万3000円

吹き付け塗装用のコンプレッサーとエアブラシ。5年以上前に模型コンテストの景品でもらったものをいまだに使用。ビギナーからプロまで使える。多数の友人モデラーが使用するのは「Mrリニアコンプレッサー L5 or L7」で、そちらのほうがオススメ。近々買い替え予定。

121 ペインティングスタンドセット(タミヤ) 1620円

エアブラシ作業において、部品の固定用に超便利。必需品。

122 絵皿/梅皿(各社) 600~1000円

高校から使っている画材の皿。100円ショップで売っている白い皿でもOK。

123 塗料皿(万年社/GSIクレオス) 10枚セットで 200~300円

塗料用小皿の定番だった万年社の深皿(右)が廃盤になったので、クレオスの同タイプ(左)も使用。

124 タミヤカラーエナメル(タミヤ) 各162円

発色が良く、伸びもいい塗料。細かい塗り分けに使用。溶剤で落ちやすく、一度塗装した色を溶かしてグラデーションするのに向いている。油絵具に似た灯油系の匂いがする。

125 タミヤアクリルミニ(タミヤ) 各162円

有機溶剤の匂いがなく、水で溶ける塗料。シンナー系の匂いが苦手な人にはオススメ。専用溶剤(アルコール系)で溶くとダマになることが多々あり、その際に一度乾いたものを溶剤で落とすとキレイに拭き取れずに塗装面が汚れる。エアブラシで塗装する際は、ラッカーシンナーで希釈して塗装するとキレイに吹ける。錆塗装としてクリヤーオレンジを使う手法に最適(「魅せる」の章で説明/P65~)。

126 Mrカラー(GSIクレオス) 180~250円

模型用塗料の定番。食い付きが良く、発色もいい。基本色をこれで塗り、細かい塗り分けなどは、タミヤアクリルやエナメル塗料で行なうことが多い。シンナー臭が強いので、換気に注意。どこでも手に入るメーカー発売の塗料を使うことにしている。

127 ピグメント(各社) 800円程度

パステルの粉などでできた顔料。欧州や中東、ベトナムなど、その地域特有の土の色を再現できる。粉状のままこすり付けたり、アクリル溶剤に溶いて流したり使い方はさまざまで、ジオラマの仕上げになくてはならないもの。流通している種類が少ないので、パステルを自分で削って小瓶に入れておくのもオススメ。

128 ウェザリング専用塗料(GSIクレオス、他各社) 300~500円

さまざまな汚れが簡単に演出できるように調合した専用塗料が、各社から発売。効果のほどは、まだお試し期間中。

129 油絵の具 ホルベイン 400円程度

雨だれや錆表現のアクセントとして使用。つまようじで点付けした絵の具を綿棒で延ばすだけ。上記の模型用塗料では出せない、しっとりとした仕上がりに。

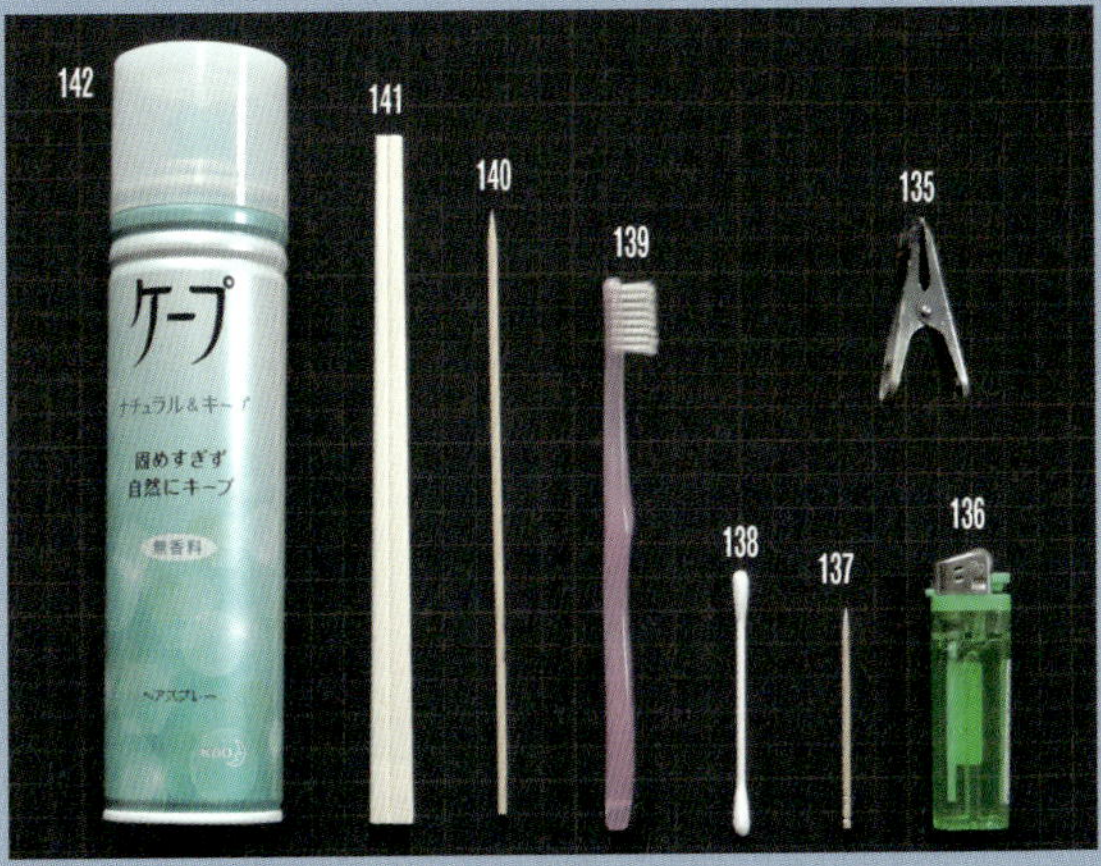

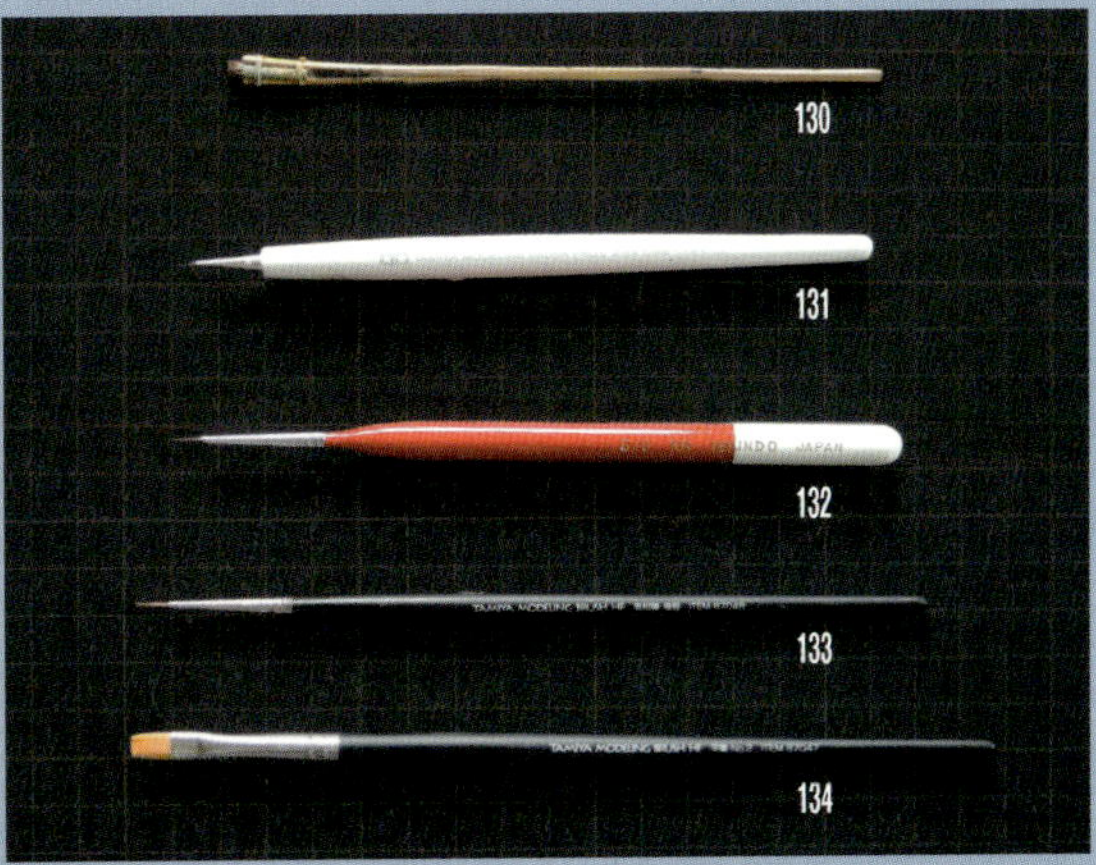

筆に関してはあまり種類を持っていない。メインの塗装はほぼエアブラシで行うので、細かい塗り分けや、錆の表現用にセレクトして使っている。

130 Bぼかし刷 No.1（名村大成堂）
241円
日本画用で、微妙なグラデーションを生み出すために使う。プラモデルにおいては、ディテールを浮き立たせるために、対象の周囲よりも明るい色の塗料を少量こすり付ける「ドライブラシ」という技法を用いるが、そこで使いやすく重宝する。また、錆がポツポツと発生する様子を再現する際にも活躍。やわらかい馬毛がよい！

131 タミヤモデリングブラシ 面相筆PRO II超極細（タミヤ） 1296円
最近発売された、タミヤ製の高級面相筆。フィギュアの目の書き込みなど、微細な塗装に威力。

132 模型用筆KS 5／0（精雲堂）
923円
コリンスキー筆というイタチ毛のもの。毛先がよくまとまり耐久性が高い。この筆は現在もっとも使いやすく、多用しているオススメの筆。赤と白のツートンカラーがオシャレ！

133 モデリングブラシHF面相筆
極細（タミヤ） 270円
定番の面相筆。コストパフォーマンスが高い。

134 モデリングブラシHF平筆（タミヤ）
308円
面積のある部分の塗装から、やや細かい塗り分けまで向いているマルチな筆。必ず持っておきたい定番品。

【日用品を使う】

ジオラマに結構使える、日常にある道具いろいろ。

135 せんたくバサミ
ノスタルジックなブリキの洗濯バサミ。雑貨屋などで入手可能。先端が平らになっていて、バネが強いので細かい部品の保持に最適。主にエアブラシ作業で長いものをはさんで使用。接着の際の仮固定にも重宝する。

136 使い捨てライター
プラモデルのランナーを火であぶって細い線を作る「延ばしランナー」作りなど、加熱して変形させる工作に便利。最近の安全防止タイプは使いにくい。

137 つまようじ
スチレンボードの彫刻や、簡単な穴開け作業、さらに、道具としてでなく丸材として使ったりも。スジ彫りしたあとの仕上げは、つまようじでこすって磨くことも多々。

138 綿棒（ジョンソン&ジョンソン）
コンパウンドで磨く際、また塗装の拭き取り作業にも重宝。特に毛羽立ちがない「ジョンソン&ジョンソン」の製品は、ちょっと値段が高いが模型用にぴったり。

139 歯ブラシ
削りカスの掃除や、溶きパテを塗布したあとで叩いて鋳造肌を表現する際に使用。また、泥色を付けた塗料を少量毛先に付け、それを弾いて飛ばすリアルな泥はね表現など、さまざまな使い方が。清掃用に細かい毛先のものと、強く叩いたり汚したりしても使い捨てできるホテルのアメニティーの歯ブラシを用意しておきたい。

140 竹串
爪楊枝と同様の使い方。強くて堅いという竹の利点から、彫刻後のカス取り仕上げで重宝する。

141 割りばし
細い木材を作る材料として。また、材料パーツを先端部に挟んで塗装したり。平面に両面テープを貼り、紙ヤスリを付けて使うことも。

142 スタイリング剤
なぜこれが!? 戦車やロボットなど、最初に錆色をラッカー塗料で塗っておき、そこにこのケープをまんべんなく吹き付ける。乾燥後にアクリル塗料で本体色を塗り、爪楊枝でコリコリと削る。これが「塗装がはがれて下地が錆に見える」塗装法。ケープ＝糊の層が、上下の色を遮断して、ズルリとはがせるというわけ。乾燥後にトップコートをすれば、塗装膜が強くなる。

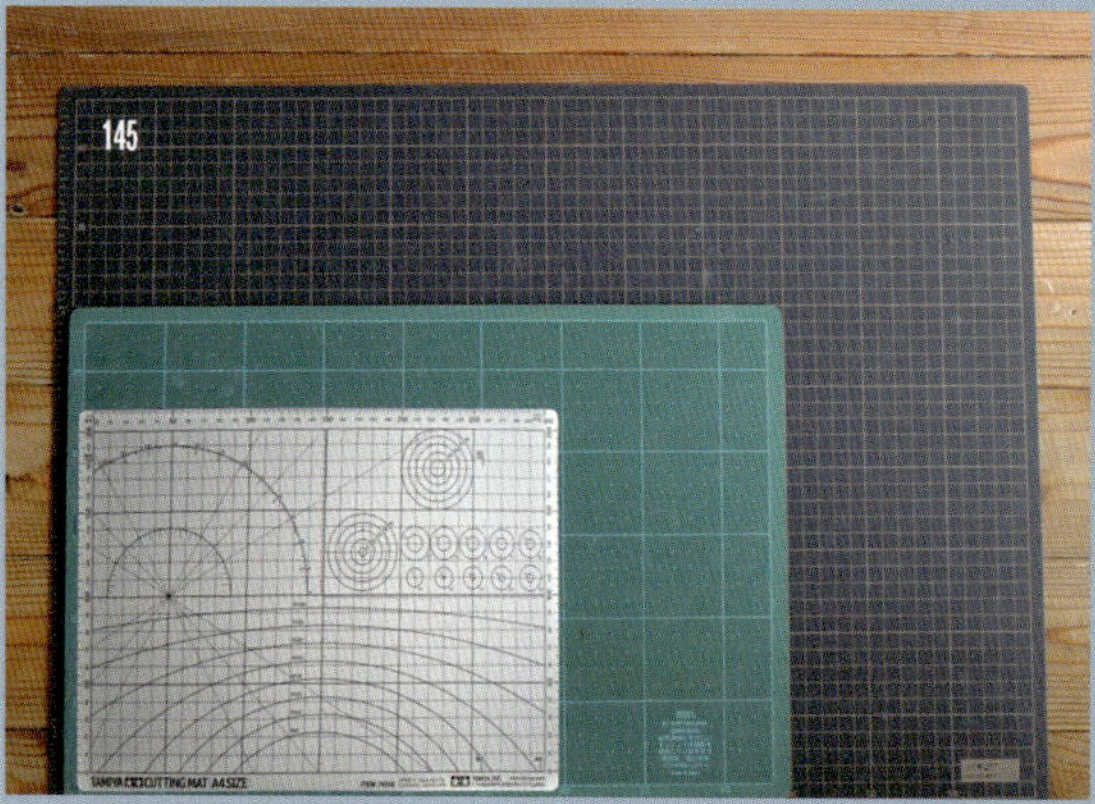

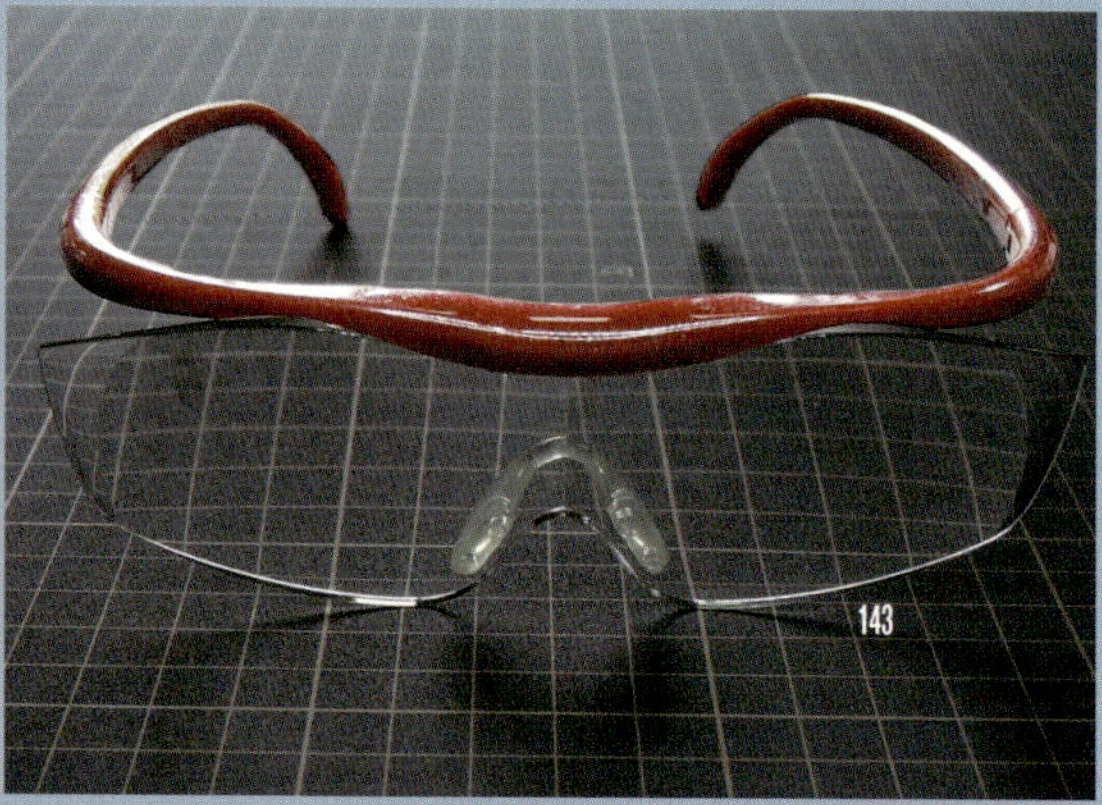

【見る】

143 ハズキルーペ（プリヴェAG）
1万980円

眼鏡の上からかけられる拡大鏡として好評のハズキルーペ。私も、さすがに細かいものを見過ぎて30代後半で老眼になり、裸眼では作業が無理に……。ヘッドルーペや拡大鏡付きのデスクライトなど、さまざまなものを試した結果、今やなくてはならない道具になったのがこれ。軽くて長時間作業でも疲れない。何よりもスタイリッシュな点が気に入っている。

144 LEDアームルーペ L-678（HOZEN） 2万6900円

精密機器の生産ラインでも使用されている、拡大鏡付きLEDライト。しっかりしたアーム、ちらつきがなく適度な明るさで、加工、塗装などの作業すべてをこなせる。また、撮影時のメインライトとしても活躍。本誌に掲載された屋内の写真はすべてこのライトを使用して撮った。同様の商品でリーズナブルなものは数多く出ているが、作りのしっかりしたこの製品を選んで正解だった。

【敷く】

145 カッターマット（各社）
500～2000円

作業机の上に必要なカッターマット。作業用としては大きいA2サイズを使用。A3サイズは作業には使わず、制作プロセス撮影の背景用に。A4サイズは持ち出し用として使っている。用途別に数枚持っていると便利。

【排出する】

146 Mrスーパーブース（GSIクレオス）
1万9440円

エアブラシ作業には不可欠な、塗料の臭いと飛散塗料粉を放出するスプレーブース。シロッコファンで吸い込み、蛇腹ダクトによりサッシの隙間から野外へ。いろいろなメーカーから発売されているが、吹き付けの範囲が広いクレオス製のブースがいい。

《情景④》わが街の不動産

2丁目の石黒さんも
3丁目の渡会さんも
4丁目の穴田さんも。
何代にもわたってお世話になっている、
わが街の生き字引。

iPhone 6で撮影

Close Up

《情景❹》わが街の不動産

消えゆく「看板建築」への思いを詰め込んで。

1

iPhone 6で撮影

iPhone 6で撮影

2

4

3

1東京の下町に今なお残る、「看板建築」と呼ばれる銅板吹きの商店デザイン。この様式が誕生したのは大正13年の関東大震災後。延焼を防止するため、木造の商店はすべて表面にモルタルや銅板を張るようにという法律ができたから。街の大工は「普通に銅板を張るだけでは面白くない！」と「粋」を競って、様々な江戸の意匠を取り込んだのが始まり。
2建物内部には電池式のLED電球が装着されているので、夕暮れで撮影すると本物と見まごう光景に。
3縮尺は1/25。これは、ウルトラマンやゴジラ等、昔ながらの特撮用ミニチュアのスタンダードなスケール。
4コンビニの内部は、ネットで検索して見つけた画像や、実際に撮影したものを合成加工して、印画紙にプリント。それを普通に貼り付けてリアリティを。撮影用と割り切った表現。

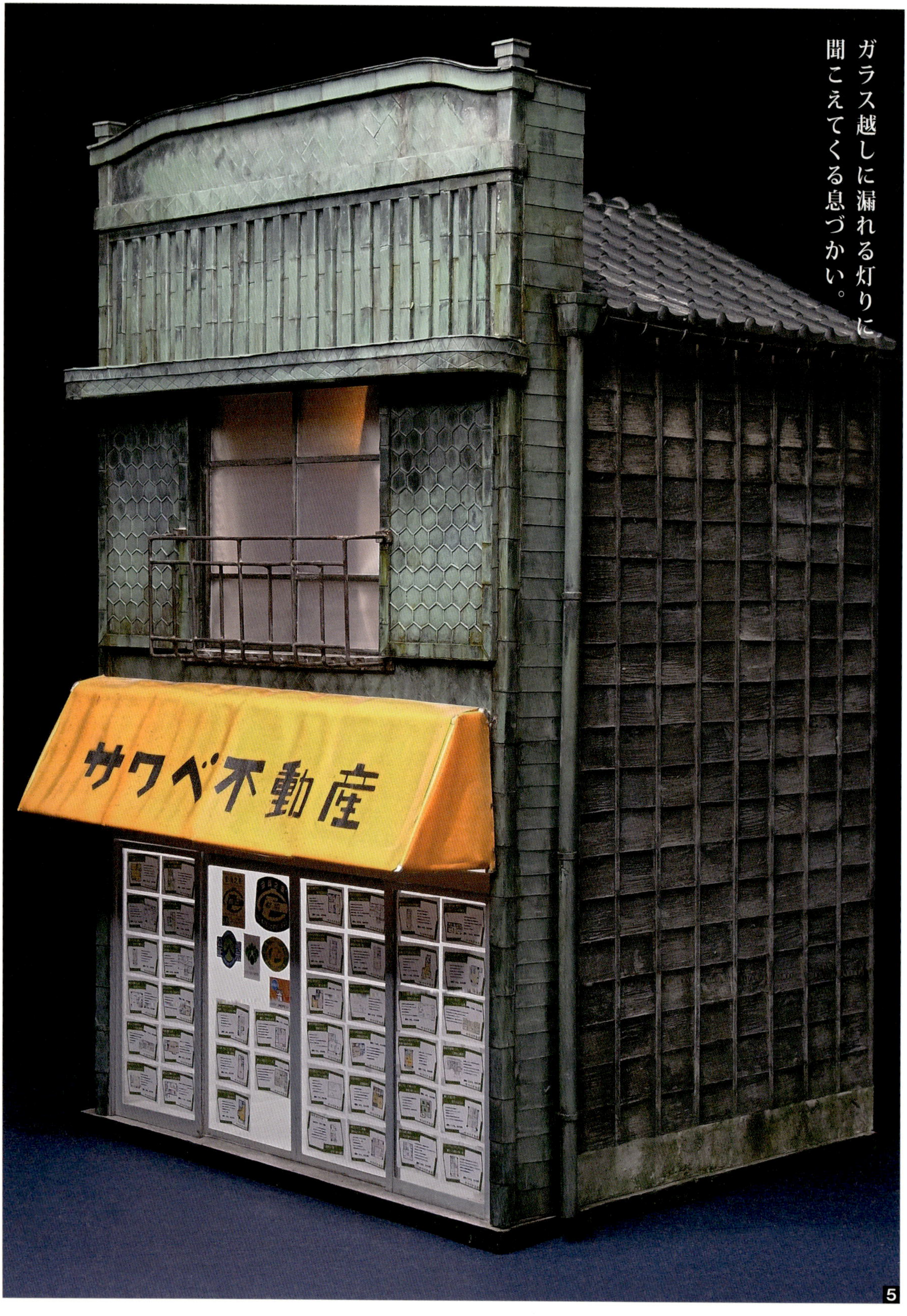

ガラス越しに漏れる灯りに
聞こえてくる息づかい。

5

8

6

9

7

5前出の看板建築の意匠が大好きで、よく下町を歩いて撮影する。昭和３～８年の間に一気に増えていったこの様式の建物は、東京大空襲、高度経済成長期、さらにはバブル経済時代など、なくなりそうな危機を何度も乗り越え残ってきた。しかし、老いていく主がだんだんとこの世を去り、建物も老朽化し、次々に取り壊されている現実が……。ビルに挟まれて生き残っている建物を見ると、愛おしくてたまらなくなる。
6 **7** **8** 建物表面の随所に作られた造型パターンは、「江戸小紋」呼ばれる意匠。緑青に拭かれた銅板。赤錆に変化した箇所。雨とい周囲の錆。建物側面「下見板張り」の汚れ方。いたる所に「あるあるポイント」をちりばめ、じっくりと塗装を楽しんだ。
9反対側は、お隣が建て替える時に傷みが激しいことがわかり、トタンを張ったという想定で。これもよく見かける光景。

Explain

《情景❹》わが街の不動産

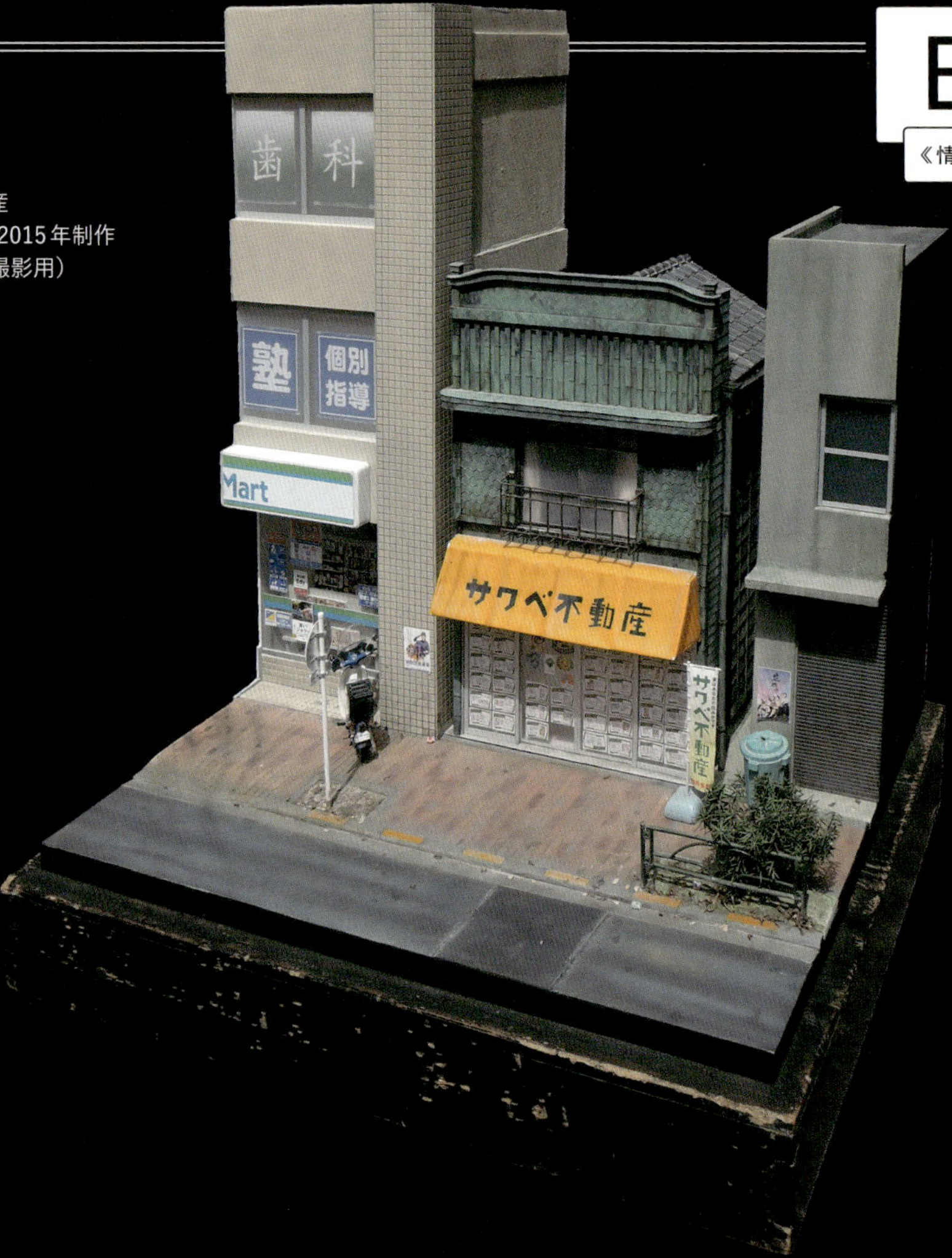

サワベ不動産
1/25scale・2015年制作
（TVドラマ撮影用）

TVドラマのオープニングシーンの撮影用として依頼され制作した特撮セットです。そのドラマは、東京下町に残る老舗の不動産屋の若旦那が主役の物語。訪れたお客さんに、なぜか珍しい世界の不動産物件を紹介するバラエティードラマという実験的な作品でした。

決まっているのはこのようなシンプルな設定だけで、建物の意匠やイメージ、スケールは自分で好きなように作らせてもらう条件でした。これはチャンスと、大好きな看板建築のジオラマを提案し採用に。東京の下町に現存する実際のお店のデザインをいくつかミックスして、架空の店を仕上げたのです。

作り慣れていて、ジオラマ用のアクセサリーも多い1／32スケールとは異なり、今回は1／25スケールで設計しました。これは、ウルトラマンやかつてのゴジラなどのミニチュア特撮撮影用のセットの標準的なスケールだからです。構図は撮影のしやすさから、私のジオラマ作品としては珍しい真正面配置。そして、両側が建て代わり、その隙間で頑張っている店を強調するため、対比として、両側のビルをスチレンボードで制作しました。映像にはほとんど写らないので簡単な作りに。

あらゆる角度から「魅せる」ジオラマをいきなり作るのは難しいので、「正面からだけ見せる」割り切ったこのスタイルは、入門編としてもありです。

« 5 SIDE VIEW »

TOP

Ⓓ 340mm

Ⓦ 450mm

RIGHT

Ⓗ 490mm

FRONT

LEFT

BACK

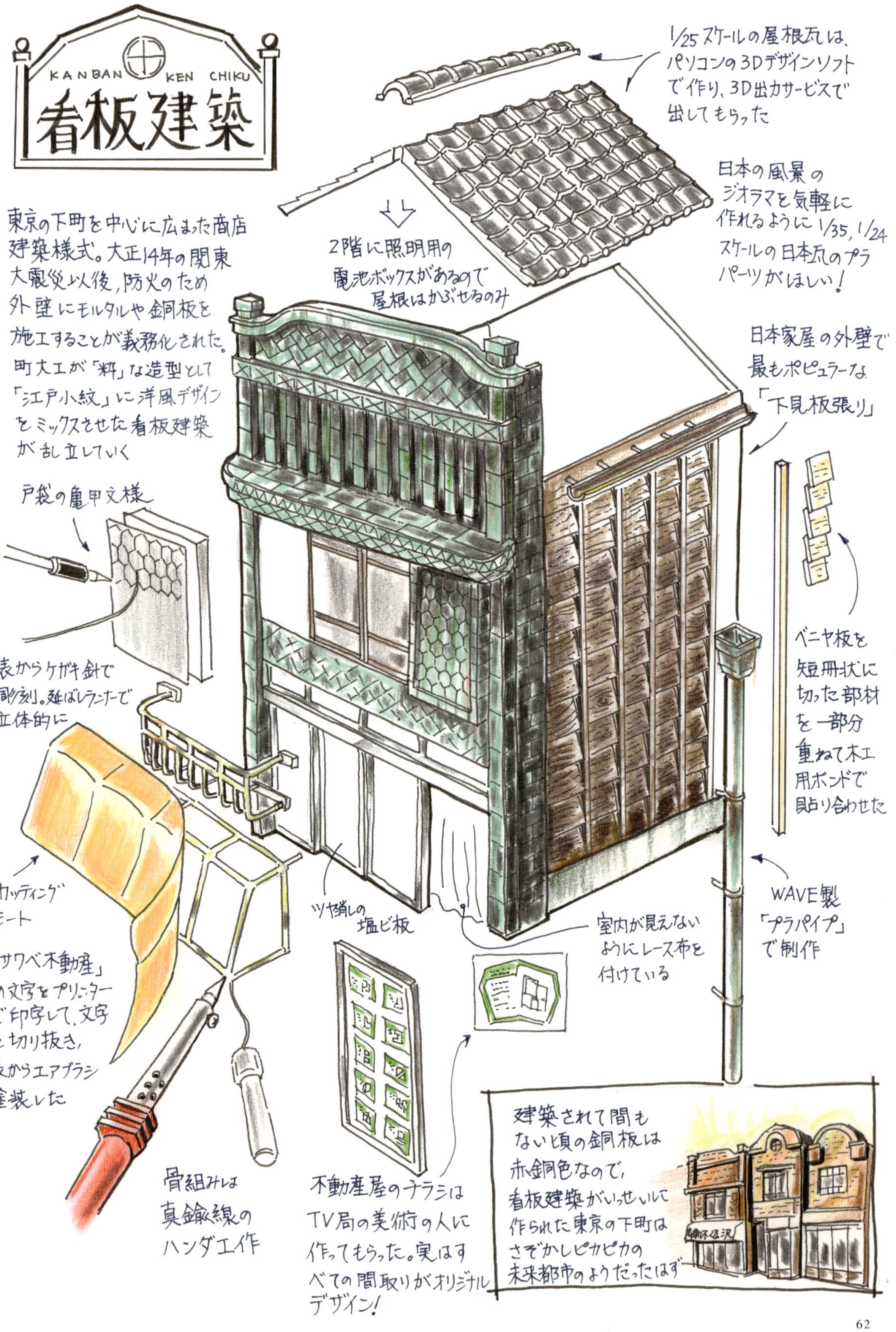
KANBAN KEN CHIKU
看板建築
1/25スケールの屋根瓦は、パソコンの3Dデザインソフトで作り、3D出力サービスで出してもらった
日本の風景のジオラマを気軽に作れるように1/35, 1/24スケールの日本瓦のプラパーツがほしい！
2階に照明用の電池ボックスがあるので屋根はかぶせるのみ
東京の下町を中心に広まった商店建築様式。大正14年の関東大震災以後，防火のため外壁にモルタルや銅板を施工することが義務化された。町大工が「粋」な造型として「江戸小紋」に洋風デザインをミックスさせた看板建築が乱立していく
日本家屋の外壁で最もポピュラーな「下見板張り」
戸袋の亀甲文様
表からケガキ針で彫刻。延ばしランナーで立体的に
ベニヤ板を短冊状に切った部材を一部重ねて木工用ボンドで貼り合わせた
カッティングシート
「サワベ不動産」の文字をプリンターで印字して，文字を切り抜き，表からエアブラシ塗装した
ツヤ消しの塩ビ板
室内が見えないようにレース布を付けている
WAVE製「プラパイプ」で制作
骨組みは真鍮線のハンダ工作
不動産屋のチラシはTV局の美術の人に作ってもらった。実はすべての間取りがオリジナルデザイン！
建築されて間もない頃の銅板は赤銅色なので，看板建築がいっせいに作られた東京の下町はさぞかしピカピカの未来都市のようだったはず

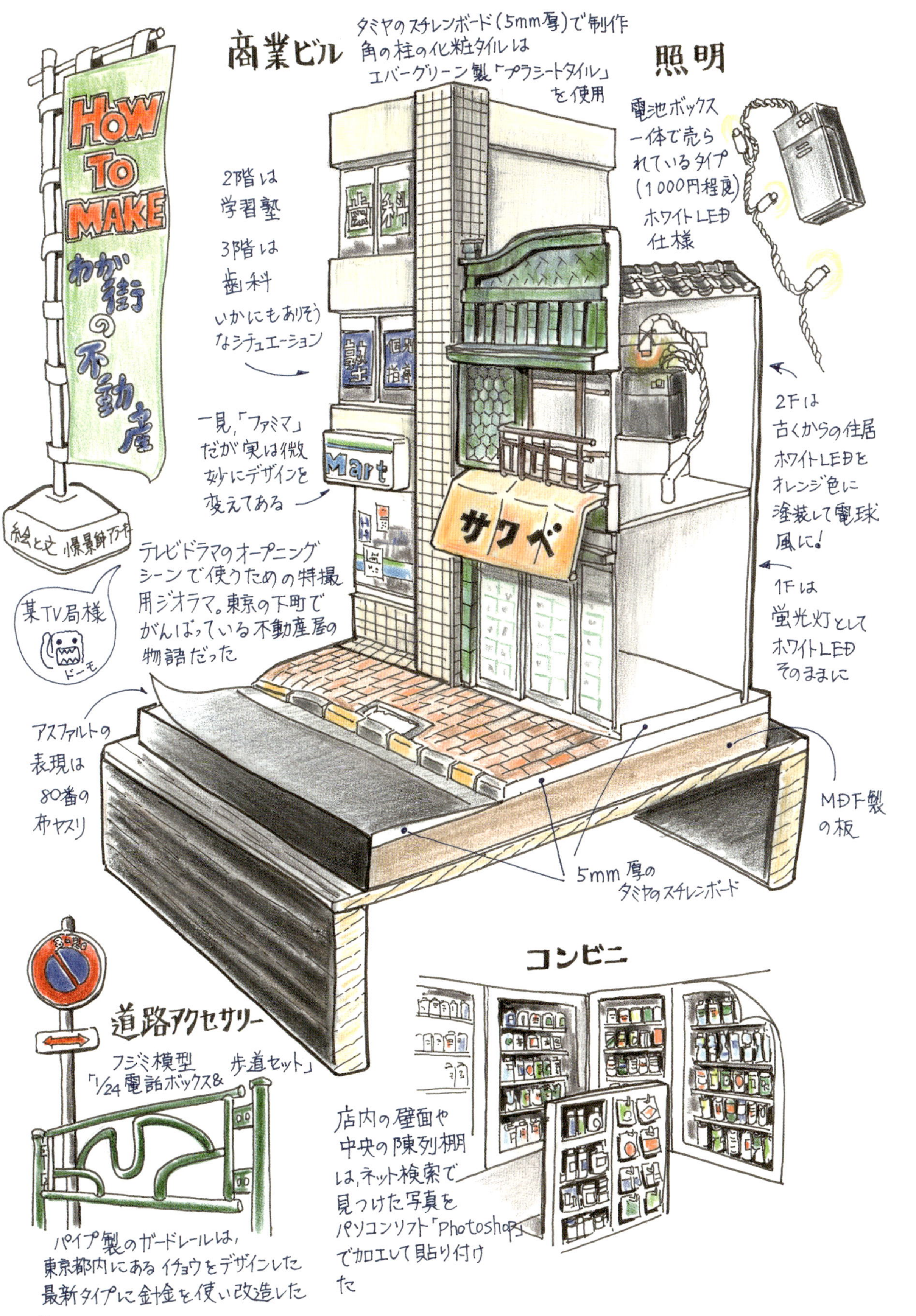
HOW TO MAKE
わが街の不動産
絵と文 情景師アラーキー
商業ビル
タミヤのスチレンボード（5mm厚）で制作
角の柱の化粧タイルは
エバーグリーン製「プラシートタイル」
を使用
照明
電池ボックス
一体で売ら
れているタイプ
（1000円程度）
ホワイトLED
仕様
2階は
学習塾
3階は
歯科
いかにもありそう
なシチュエーション
歯科
塾
個別指導
Mart
一見、「ファミマ」
だが実は微
妙にデザインを
変えてある
サクベ
2Fは
古くからの住居
ホワイトLEDを
オレンジ色に
塗装して電球
風に！
1Fは
蛍光灯として
ホワイトLED
そのままに
テレビドラマのオープニング
シーンで使うための特撮
用ジオラマ。東京の下町で
がんばっている不動産屋の
物語だった
某TV局様
ドーモ
アスファルトの
表現は
80番の
布ヤスリ
MDF製
の板
5mm厚の
タミヤのスチレンボード
コンビニ
道路アクセサリー
フジミ模型
「1/24電話ボックス&歩道セット」
店内の壁面や
中央の陳列棚
は、ネット検索で
見つけた写真を
パソコンソフト「Photoshop」
で加工して貼り付け
た
パイプ製のガードレールは、
東京都内にあるイチョウをデザインした
最新タイプに針金を使い改造した

1

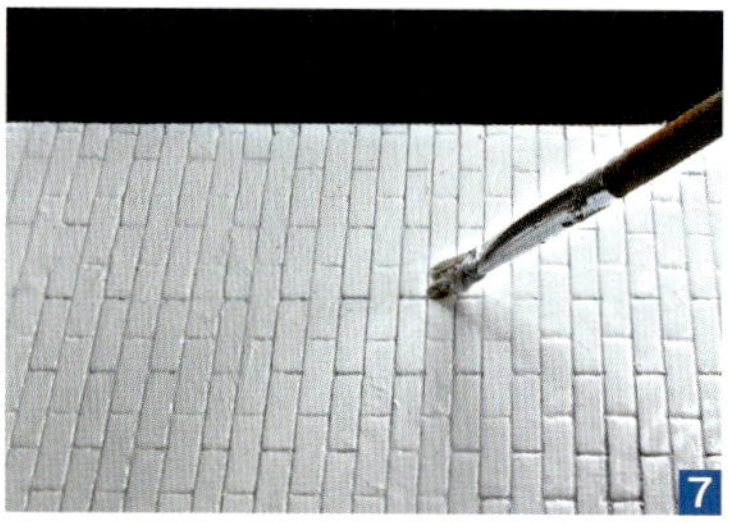
7

2

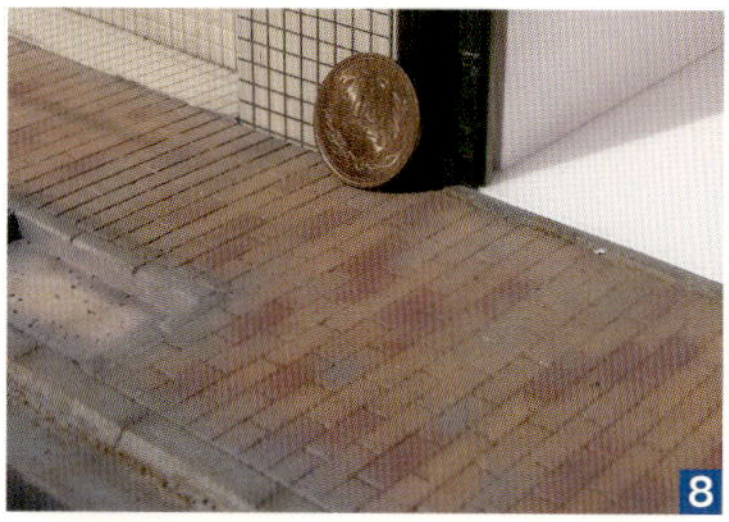
8

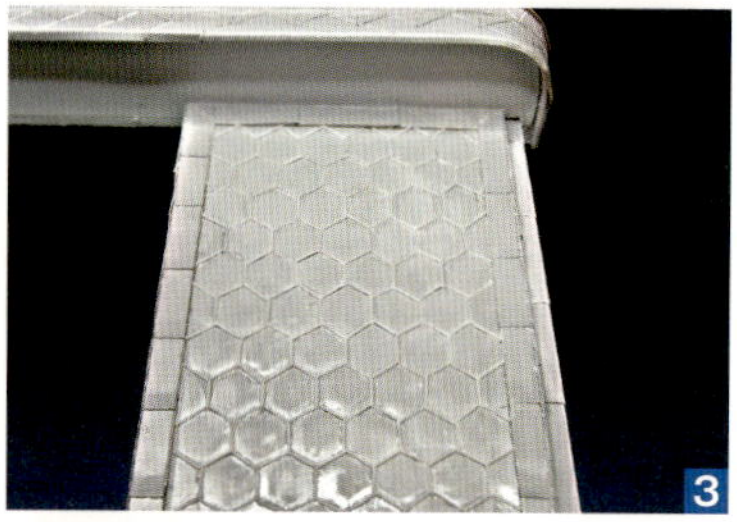
3

9

4

10

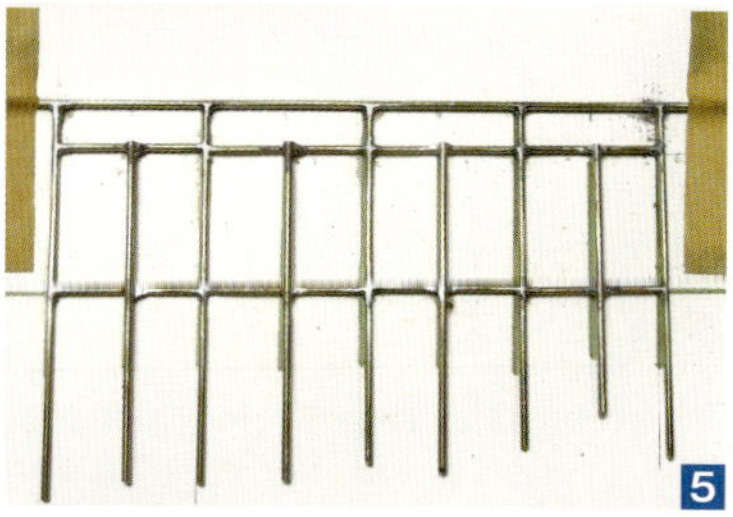
5

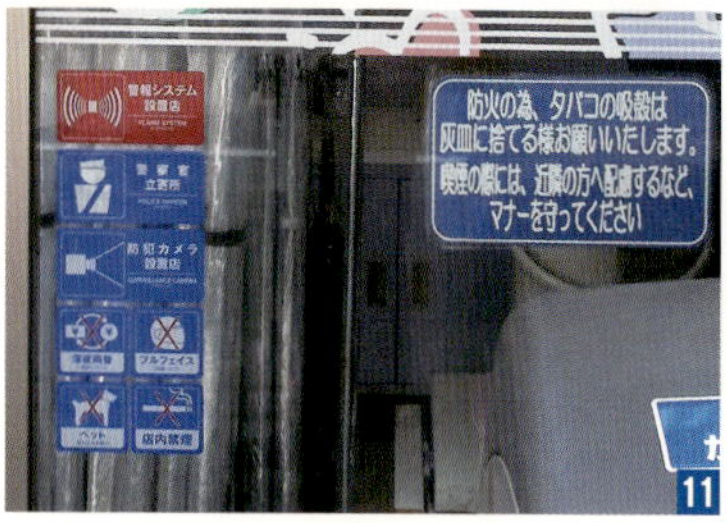

11

6

Detail

《情景❹》わが街の不動産

【 建物制作編 】

1打ち合わせの際に書いた構想スケッチ。何を作らねばならないのか、自分で確認整理できる。そして打ち合わせ後に、イラストレーターソフトで図面代わりの正面図を書いた。**2**建物正面はタミヤの1.2㎜のプラバンをベースにして、0.14㎜プラペーパーを、銅板張りに見立てて貼り付ける。裏からカッターの刃じゃないほうを軽く当てて模様を刻み、裏返すと凸になる。**3**戸袋の「亀甲模様」は、プラペーパーの表からケガキ針で6角形の模様を彫り、その溝に、延ばしランナーを細かく刻んで接着剤で固定し、実際の立体的な造型を表現。**4**雨といは、クレオスの丸パイプを使って。屋根は時間短縮のため、3DCGでデータを作り、3Dプリンターで出力したもの。**5**2階の手すりは強度を考慮して真鍮線をハンダ付けして工作。**6**ラッカーのダークグリーンを下地に。その上に、エナメル塗料のフラットブリーン＋フラットホワイト＋フラットブルー＋黒を混色したペパーミントグリーン系の色をムラに塗る。さらに、溶剤をしみ込ませた綿棒で部分的に拭き取り緑青の感じを演出。**7**歩道部分はタミヤのスチレンボードを、ケガキ針で彫刻し、モデリングペーストを塗布。**8**エアブラシを使って歩道のタイルを細く吹き塗装。このあと、全体に「土」を撒いて、タイルの間にすり込み、ツヤ消しスプレーで固定。**9** **10** **11**コンビニの外に貼られている様々なステッカー。正面から歪みがないように撮影し、縮小して印画紙に印刷。裏面の紙をはいで薄くするのが、緻密に見えるポイント。木工ボンドで接着。

☛登場する、材料名、用具名は、P45〜「作る」の項で詳しく解説しています。

「魅せる」

ジオラマを作る準備は整い、
いよいよ具体的な制作に入ります。
リアルなジオラマを生み出すためには、
便利な手法や、材料で演出できる、
ちょっとしたテクニックがあります。
この項では、地面作りから、建物、植栽など、
工夫次第でより魅力的に仕上がる、
ジオラマの「魅せ方」について解説します。

地面を始める

「地面制作」の基本について

1 雑草を上手く表現したジオラマ素材「ミニネイチャー」の牧草地（714-24）を使うのがオススメ。スチレンボードのベースに木工ボンドで接着。雑草は群がって成長する法則があるので、ランダムに「固まり」として散らすとリアルに。

2 あとではがれやすい小石を先に接着する。エポキシ接着剤やホットメルトでしっかりと固定。

3 自然の地面を作るならやはり天然素材に限る。私のジオラマの地面のほとんどは、習志野にある実家近くの、「畑から風で飛んできて側溝に溜まっていた土」を採取して使用。よく天日干ししてアルコールで消毒したものをストック。木工ボンドを水30％ぐらいで希釈し、インジェクターで流し込む。

4 自然乾燥&ドライヤーで完全乾燥させる。そのままでもいいが、表面をエアブラシで薄く塗装することもある。ここに、背の高い雑草（ドライフラワー）や落ち葉などを接着して作り込む。1／24～1／35ぐらいで使えるリアルな落ち葉として、「タイム」というハーブの葉を乾燥させ使用。一般的な「ザ・葉っぱ」という形。500円程度で鉢植えでも売っているので、観賞用＋素材採取用として育てている。ジオラマ用紙素材「紙創り」からも、「落ち葉」は数種類発売されている。

アスファルトの表現について

アスファルトの舗装路は、紙ヤスリor布ヤスリを直接貼る方法がリアルかつ簡単。目の細かさ的に、スケールとしては1／24～1／32で使えるテクニックです。

80番～120番の布ヤスリを2枚、ヤスリ面を合わせ、手をすりあわせるようにしてこする。表面を触って、指先が引っかからなくなる程度にこすれた状態がベスト。接着にはエポキシ接着剤かホットメルトを使う。

アクリル塗料の「バフ」を、エアブラシを使って表面に汚し塗装する。タイヤの跡が付いたようにする際は、車幅を考慮しながらうっすらと塗装。ピグメントをアクリル溶剤で希釈したものをさっと濡らすように塗布し、最後にツヤ消しトップコートを吹いてツヤ感を調整する。

ジオラマのサイズに対して布ヤスリの長さが足りない場合などは、2枚を継いで貼る。その際に、わざと盛り上げるように「当て布」状の布ヤスリを2枚の間に貼ると「工事で補修された跡」のような、「日常あるある」を演出できて、継ぎ目もごまかせる。

マンホールは、ジオラマ用アクセサリーの、適合スケールのものを使用（通販などで入手）。手に入らない場合は、近所にあるマンホールを真上から撮影し、その写真をプリントアウトしたものを貼り、さらに汚しを加える。

このような、マンホールなど視線が集まりやすい場所には、ハーブの「タイム」や、各所素材の落ち葉を配置するとさらなるアイキャッチに。

イタリアの建物（1/35）

中東地域の建物（1/35）

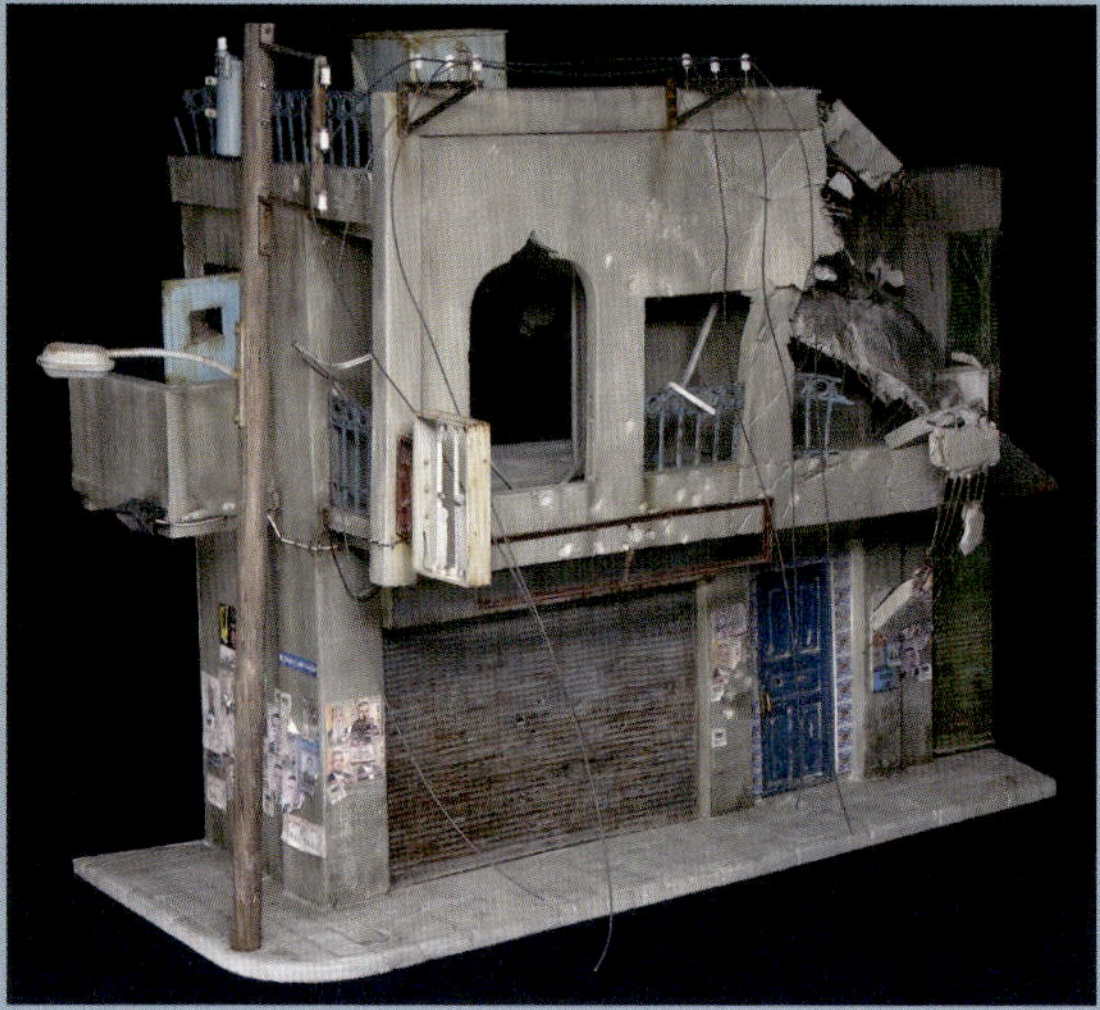

建物を作る

建物の制作には、スチレンボードを使うのがオススメ。特にタミヤから発売されているスチレンボード（3㎜、5㎜厚）は、素材の固さが最適で、細かい彫刻が可能。さらに、同社の「タミヤセメント」で接着できてサーフェイサーも使用できる（他メーカーのものは溶けてしまうのでNG）。

建物の図面は、スチレンボードに直接書くことが多い。ビルの天井高を2500〜3000㎜と設定し、各スケールで割り出した寸法で。下書きは鉛筆で、次に油性ボールペンを使い、少し強めに書いて凹みを付ける。シャープに彫る際には、ケガキ針か、マチ針をピンバイスに差したものを使う。

彫刻後は、モデリングペーストを、表面を撫でる程度に塗布。部材同士の結合は、つまようじを端の面に差し、タミヤセメントやエポキシ接着剤で。

ビルが崩れて鉄骨がむき出しになった表現は、手で割った部材に（タミヤのスチレンボードは固めなのでいい感じにパキッと割れる）、あとから真鍮線を曲げて差し込み、普通タイプの瞬間接着剤を流して固定。仕上げにモデリングペーストを塗布すると、ラッカー系の塗装もできる。

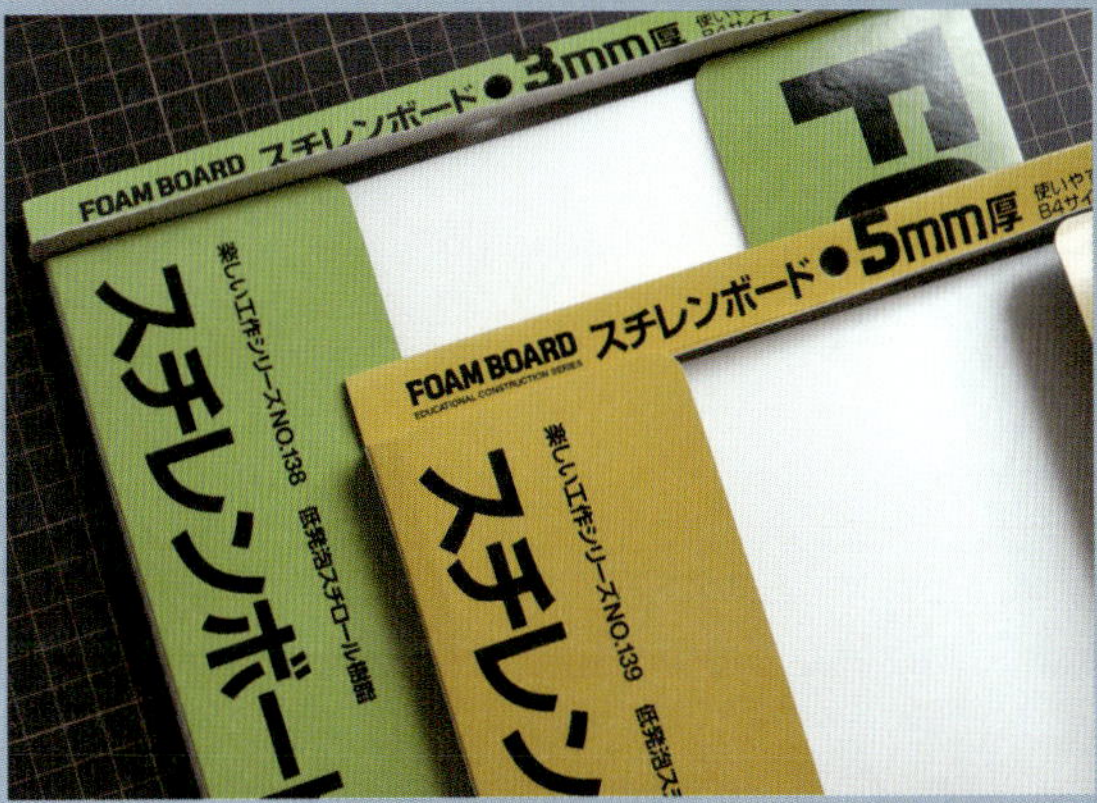
FOAM BOARD スチレンボード●3mm厚
楽しい工作シリーズNO.138
スチレンボー
FOAM BOARD スチレンボード●5mm厚
楽しい工作シリーズNO.139
スチレン

ドイツの建物 (1/72)

Liquitex
Mo モデリング ペースト
盛り上げ剤
MODELING PASTE

植物を極める

ジオラマに「生」を与える植物の表現は、最も面白く、かつ難しいポイント。ここでは、特にそれを加えるだけで一気にリアルに見える「ツタ」のテクニックを解説。

1 道端に生えている雑草を抜いて根っこをよく洗い、乾燥させてストックしている。それをゼリー状瞬間接着剤で固定する。その際、ツタは「溝に沿って伸びる」「横に成長」という2つの法則に留意する。

2 ツタの葉の形をした天然素材（次ページで解説）をゼリー瞬接で固定。葉は地面と水平になるように貼るのがポイント。

3 ツルの伸び方、葉の付き方を最終チェック。葉の下まで伸びるツルは、あとから細い根っこを追加することも。このままの仕上げならば「秋の光景」、葉っぱを緑に塗ると「春～夏の光景」になる➡4。葉の塗装はツヤありで、伸び続けている先の部分を鮮やかな緑に筆塗り。一部に、あえて枯れた葉を入れるのもニクイ演出。

5 アンコールワットの作例写真は、ほぼ原寸の1／144スケール。葉はミニネイチャーのものを使い、やり方は右と同様。

魅せる

※ジオラマの植物表現として愛用する素材集。すべてのものが通販で入手可能。

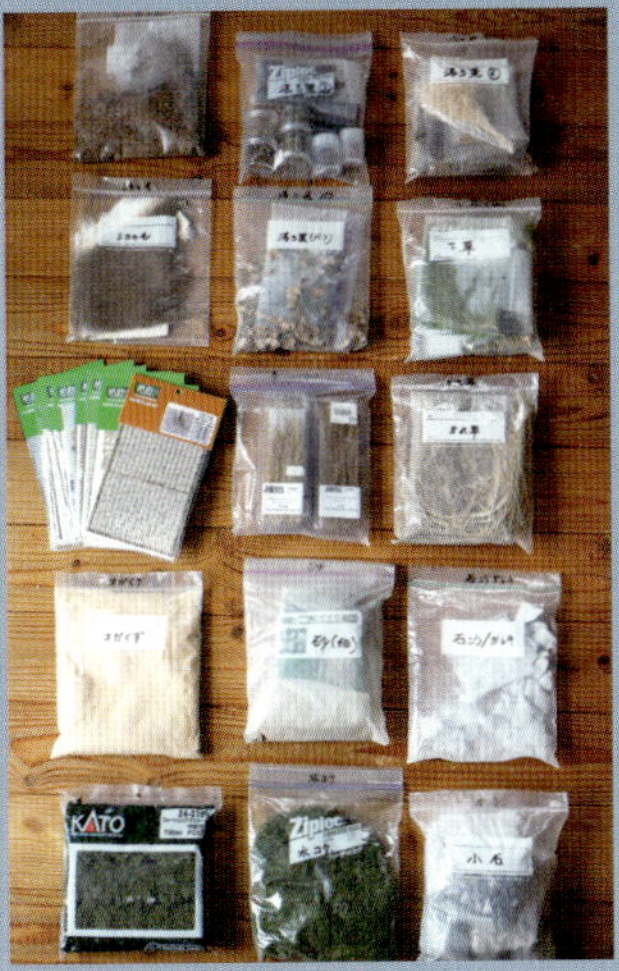

ジオラマにおける草の表現にはさまざまな手法があります。わかりやすいところでは、鉄道模型店で入手できる葉のスポンジ系素材や、手芸店で扱う天然素材のドライフラワーなど。また、気軽に採取可能な植物の猫じゃらし、落ち葉。さらに、葉の形に抜けるパンチ（「作る」の章で解説↓P48）など新商品も。新たな手法が日々生まれています。

そして私は、採取した素材を、ジップロックを使って整理することを心がけています。これもジオラマの総合的な楽しみ方の1つです。

雑草の植え込みには数種類のドライフラワーなどを混ぜて植えるようにします。手前を低く、奥に高い葉を植えて、奥行き感を演出します。

1 猫じゃらしに似た白樺の花を乾燥させて分解すると、ツタの葉に良く似た花のがくが大量に取れる。そこに着目しジオラマ素材とし販売しているのが、JOEFIX STUDIO製「ツタと葉」。

2 ミニネイチャー製のツタ素材。主に1／80〜1／150スケールの鉄道模型で使える素材。粗目のスポンジに、パンチした紙製の葉を接着した素材。葉を1枚ずつはがし、小さいツタとして、また、成長期の幼葉として使用可能。品名は、「カエデやモミジ 萌える春 930−21」。

3 スタティックグラスは、着色したナイロン製の毛。地面の下草として使用。そのまま接着すると葉が立たないので、静電気で帯電させて毛を立たせるための装置が別売されているが、なんと、その装置を自作している強者モデラーも！

4 ピーコックグラス。とても細かい葉で、かなりリアルな雑草を再現できる素材。これを植えるだけでリアルさ倍増のマストアイテム。

5 非常に細かい葉のデザインを、レーザーカッターで切り抜いたジオラマ用素材「紙創り」。1／12から1／35まであらゆる葉を製品化している。特にこの「シダ」は重宝する製品。好みの色に塗装して使用。

6 ナイロン製の毛を帯電させて、ビニールからはがすだけでリアルな低雑草として使える商品。毛の色や細かさ違いで数種類あり。JOEFIX STUDIO製、枯れ草は「JF143」、緑は「JF117」。ミニネイチャーにも同様の製品あり。

7 ほうき草の1種。秋の枯れ草として、また、葉を付ければ夏の雑草として、使い勝手がいい。JOEFIX STUDIO製「JF114」。

錆塗装のすすめ

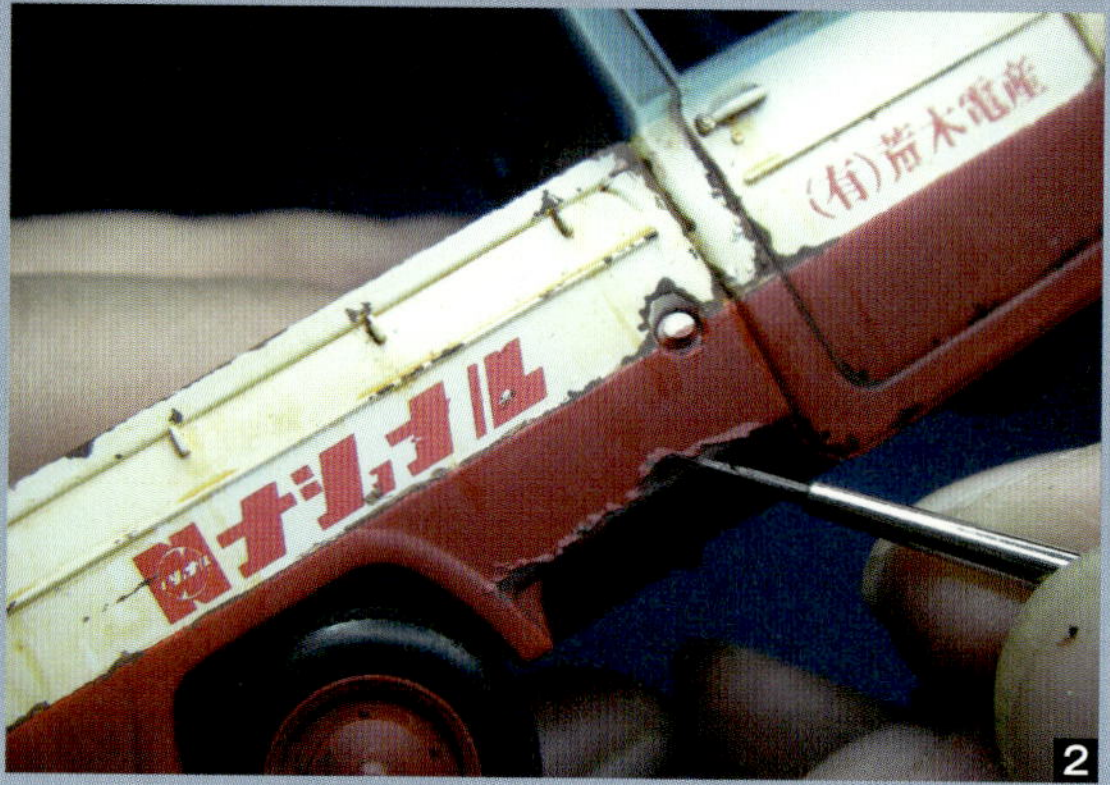

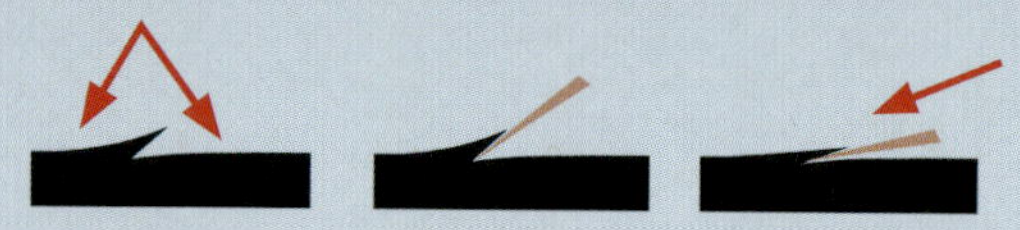

湿気の多い日本において、錆びた状態を見ることは多く、塗装術でそれらを演出できるのが、ジオラマの魅力の1つでもあります。さまざまな錆塗装の手法を解説します。

1 ラッカー塗料で基本塗装が済んだ車体に、デザインナイフや30度刃カッターを使い、「錆びて塗料が浮き上がった状態」を再現します。塗装をはがすわけではなく、プラスチックの表面に切れ込みを入れてめくっているだけ。この手法は私が「ダイレクトカット」と命名しました。塗装前でも可能で、失敗した時、そこを削り落としてやり直しができるメリットが。

2 めくれた部分にアクリルの「ハルレッド」を塗装。地面からの湿気により、車体下部から錆が進行する法則を念頭に置いて作業を。

3 錆の基本色はアクリル「クリヤーオレンジ」で。最初に、溶剤で10~20%に希釈したものを全体に「濡らすように」塗装。乾かないうちに、面相筆で上から下に「滝を描く」ように塗るとじわりとなじむ。下地をラッカーで塗る理由は、このアクリル塗料のクリヤーオレンジを使うため。エナメル系のクリヤーオレンジでは、乾いたあとでムラになりやすい。

4 クリヤーオレンジでの錆塗装のあと、錆の濃い部分に「ハルレッド」を少量追加する。わざとらしくなった場合は、筆に溶剤だけを付けて、なでて

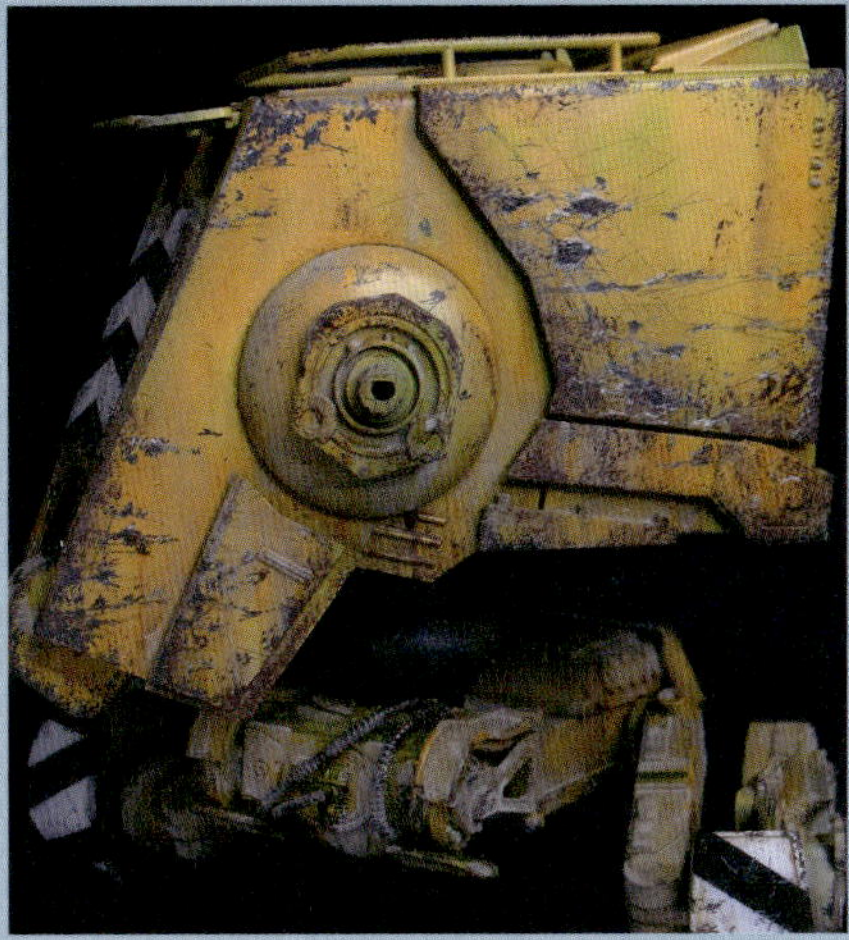

「拭き取る」感じでグラデーション仕上げを。窓ガラスは、ピグメントやパステルの「バフ」系の色をアクリル溶剤で希釈したものを、平筆で上から下に流すように塗装。塗り過ぎたら、綿棒で同様に上から下になでるようにして拭き取る。うっすらとホコリがかかったようなイメージで、錆の部分も落ち着かせて仕上げる。

錆の発生の種類は、湿気の多い場所でよく見る、裏から塗装を持ち上げるように錆びる「ペリペリ錆」パターンと、パンの焦げのように細かい錆の点が広がる「ジワジワ錆」がある。

そこそこ乾燥している北米やヨーロッパではジワジワ錆が多い。この再現には日本画用の「ぼかし刷」筆を使い、エナメル塗料のフラットブラウン+オレンジを混色し、叩くように塗装する。目の細かいスポンジで行なう場合もある。仕上げに、薄く希釈したハルレッドをエアブラシ塗装して、自然な仕上がりに。

錆は、対象物が置かれている環境をイメージして、湿気の具合により錆のパターンを選ぶ。また、車などでは使用されている際にぶつけた傷が錆につながることが多いので、ドアなどにカッターで引っかき傷を付け、その周囲に錆色を塗る。ロボット系ならば回転で付いた傷などを同様に。

実際の塗装は、プライマー→下地塗装→上塗り塗装と何層にも塗り分けられているので、アクセントとして、塗装がはがれて顔を出す下塗りの色などを筆塗りで加えると、さらによくなる。錆塗装は、彩りを加える塗装だということをお忘れなく。

ジオラマ台で魅力度アップ

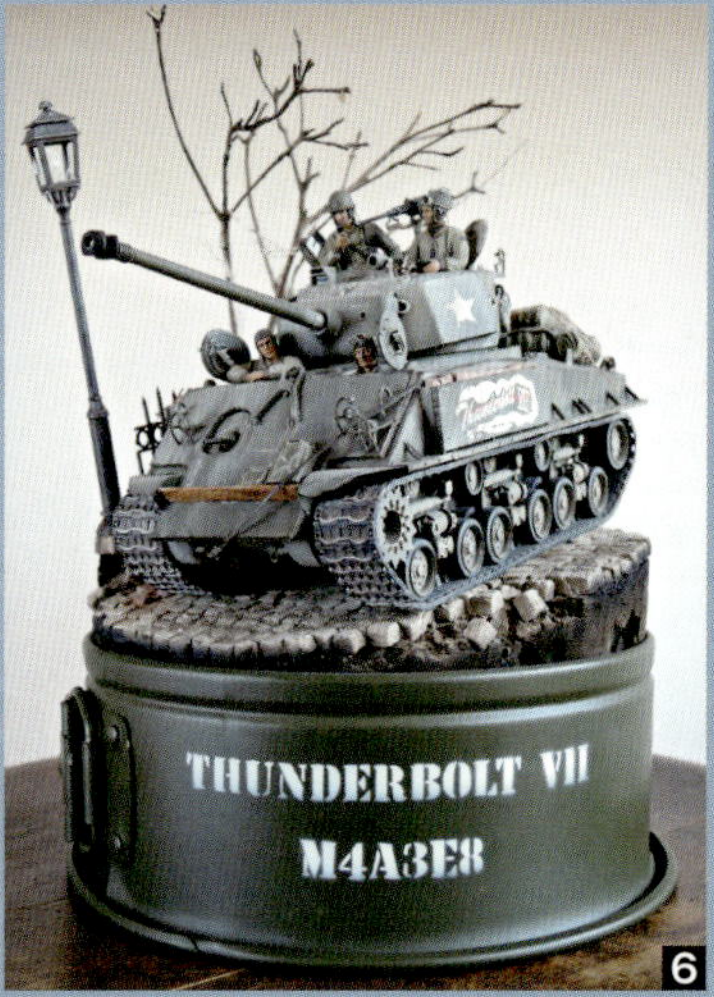

6

5

1

2

3

4

切り取った空間を「ジオラマ作品」としてまとめるには「台」の存在が重要。「魅せる」ための最終レベルを左右する、台の演出方法を紹介します。

1「木」で箱組みしてニスで仕上げるのが一般的。木製の写真パネルを使う方法もあり。タイトルプレートも重要。シンプルなのはインスタントレタリングでの文字入れ。これは、パソコンで作ったタイトルを透明シールに印刷し、それを真鍮の板に貼って真鍮の丸クギで止めたもの。いろいろと工夫して。

2私は、ジオラマの雰囲気にマッチしたアンティークの箱を使うのが好き。写真は、戦前の和菓子屋で使用されていた箱。パソコンで厚紙に印刷した文字を切り抜き、エアブラシでステンシル塗装したシンプルなタイトル仕上げがお気に入り。

3海賊船のジオラマには、船に積まれている樽をイメージして、ホームセンターで見つけた花のかごをカットして使用。タイトルプレートは、革製の巻物をイメージして、エポキシ粘土を丸棒で延ばしたものを、半乾き時に左右両端を巻いて自作。インスタントレタリングの文字シールで仕上げた。

4この台は、文具店に売られていた「木のはがき」で、実際に送れるもの。地面を島状に作り、タイトルはインスタントレタリングで。

5軍隊で使用されていた砲弾ケースをイメージして、私の奥さんが昔使っていたケーキ型を、オリーブドラブで塗装➡**6**。タイトル印字方法は**2**と同じ。ステンシルをわざと浮かせ気味にしてエアブラシ塗装し、ラフなフォントっぽく仕上げた。

《情景5》

西瓜の夏

西瓜畑から農協までの道。
あの橋を渡る時に、すっと流れる川辺のそよ風。
早朝から働いたあとは、
いつも待っている最高のごほうび。
ゆっくりと進む空色のトラックの荷台には、
真夏の太陽の光が凝縮された西瓜が、
キラキラと光っていました。

iPhone 6で撮影

iPhone 6で撮影

Close Up

《情景❺》西瓜の夏

熊本の橋と川が ジオラマの中にやってきた。

1

3

2

6

4

5

8

7

5 7 iPhone 6で撮影

1 熊本に現存する石橋がモチーフ。初夏の空の下で野外撮影。この設定では雲がある日を選ぶのが大事。
2 犬は、タミヤのエポキシパテで自作。透明のテグスを使って、マーキング（オシッコ）の様子を再現すると、クスッと微笑ましい気のきいたアクセントに。
3 柳の下にはお地蔵さんと祠。雑草は、植物の「猫じゃらし」をバラして接着したもの。さらに、枯れ葉の吹きだまりを再現。
4 石の表面に生えた白っぽい苔と、ツタの緑がいい感じのアクセントに。ツタは、根元は枯れた色、先端は成長期の新緑色にするのがポイント。
5 熊本の川は、阿蘇山から流れる、透明度が高い澄みきった水が印象的。そこを再現しつつの「いつまでも枯れないアクアリウム」ーそれがジオラマの醍醐味。
6 車の固定は、タイヤに真鍮線（ϕ 0.5㎜）を３㎜ほど差し、逆側をジオラマに差し込めばオッケー。
7 模型雑誌『モデル・カーズ』の誌上限定品として売られていたガレージッキットの「スバルサンバー・バン」（絶版品）を改造してトラックにしたもの。
8 雑草を植えた時には根元にも気を配ろう。ここにも枯れ葉の屑をバラマキ、枯れて土に還ろうとしている下草の様子を再現。

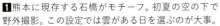

➪西瓜の夏
1/32scale・2008年制作
（『モデル・カーズ』作例）

この作品のモチーフは私の幼少期の思い出です。小学校に入った1975年から3年間だけ、熊本市（水前寺公園の近く）に住んでいました。県民のシンボル・熊本城に、毎週末に家族で遊びに行き、「武者返し」の石垣をどこまで登れるか弟と競ったりしたものです。この体験があって、石組みの重厚な佇まいに魅了され、日本の城が好きになったのだと思います。

書店で偶然手にした写真集『石橋　伝えたい日本の橋』（平野暉雄／自由国民社）。ここに掲載された「大窪橋」の姿に心を射抜かれ、ぜひジオラマで再現したいと思ったのが作品誕生の背景です。そしてこの石橋は、熊本にある江戸時代に作られた橋だったのです！　幼少の頃に受けた刺激がずっと心の中に生きていたんだとつながって、自分自身が驚きました。

石橋をモチーフにしたジオラマを構成するにあたり、やはり熊本の魅力を凝縮したコンセプトでまとめようと思いました。県の名産である西瓜を入れること、そして阿蘇山から流れる澄んだ川の水を再現することです。その再現したいモチーフを入れ込み、全体のストーリーを固めます。畑で朝採りした西瓜を積んだ小型トラックが石橋の上を走る。川からそよ風が吹いている。仕事の合間に訪れた一瞬のやすらぎ。風の動きと清涼感の演出。また、作品に高さを出すため、柳の木を入れることを最後に決めてとりかかりました。

《 5 SIDE VIEW 》

TOP

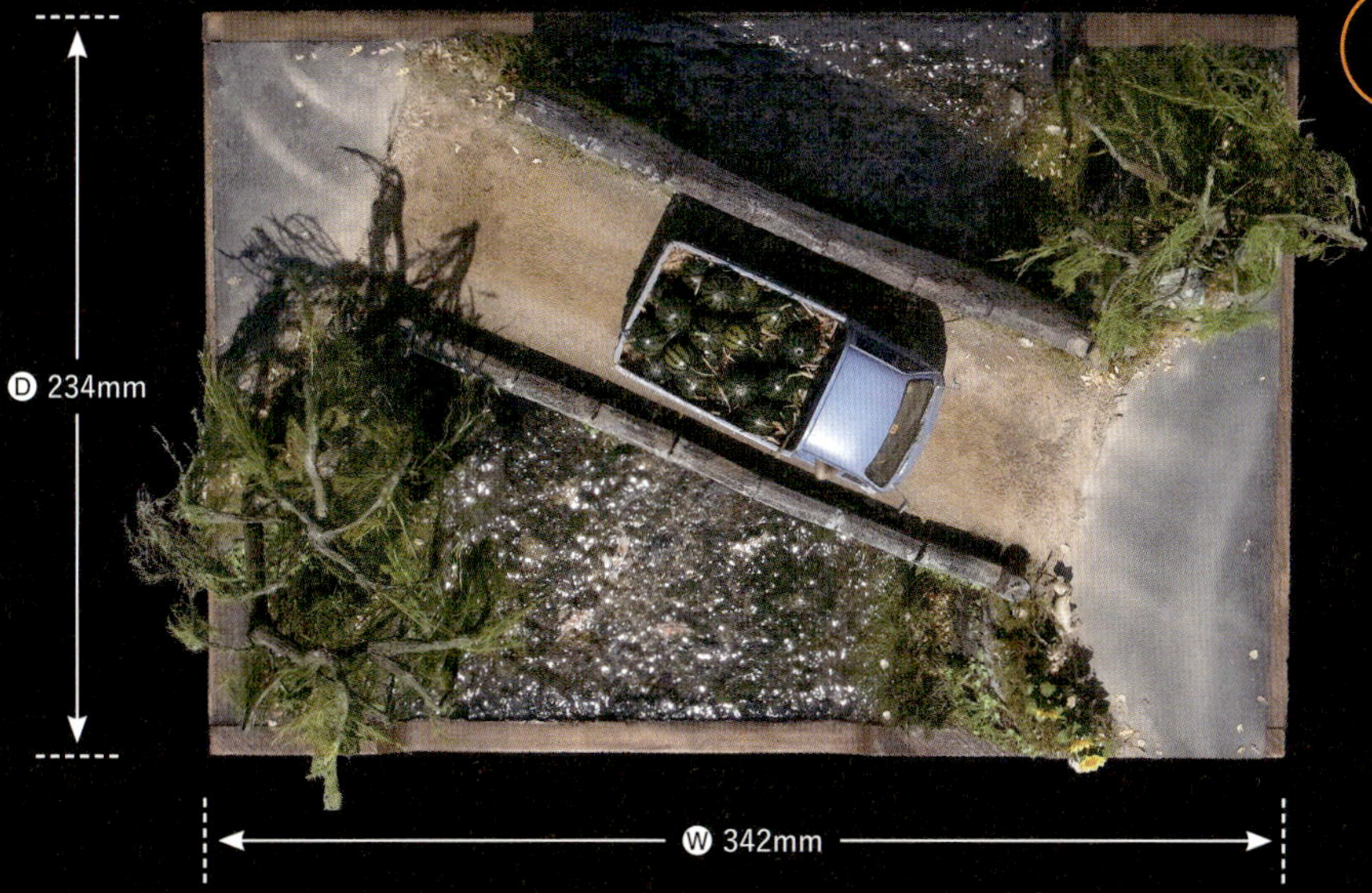

RIGHT

FRONT

LEFT

BACK

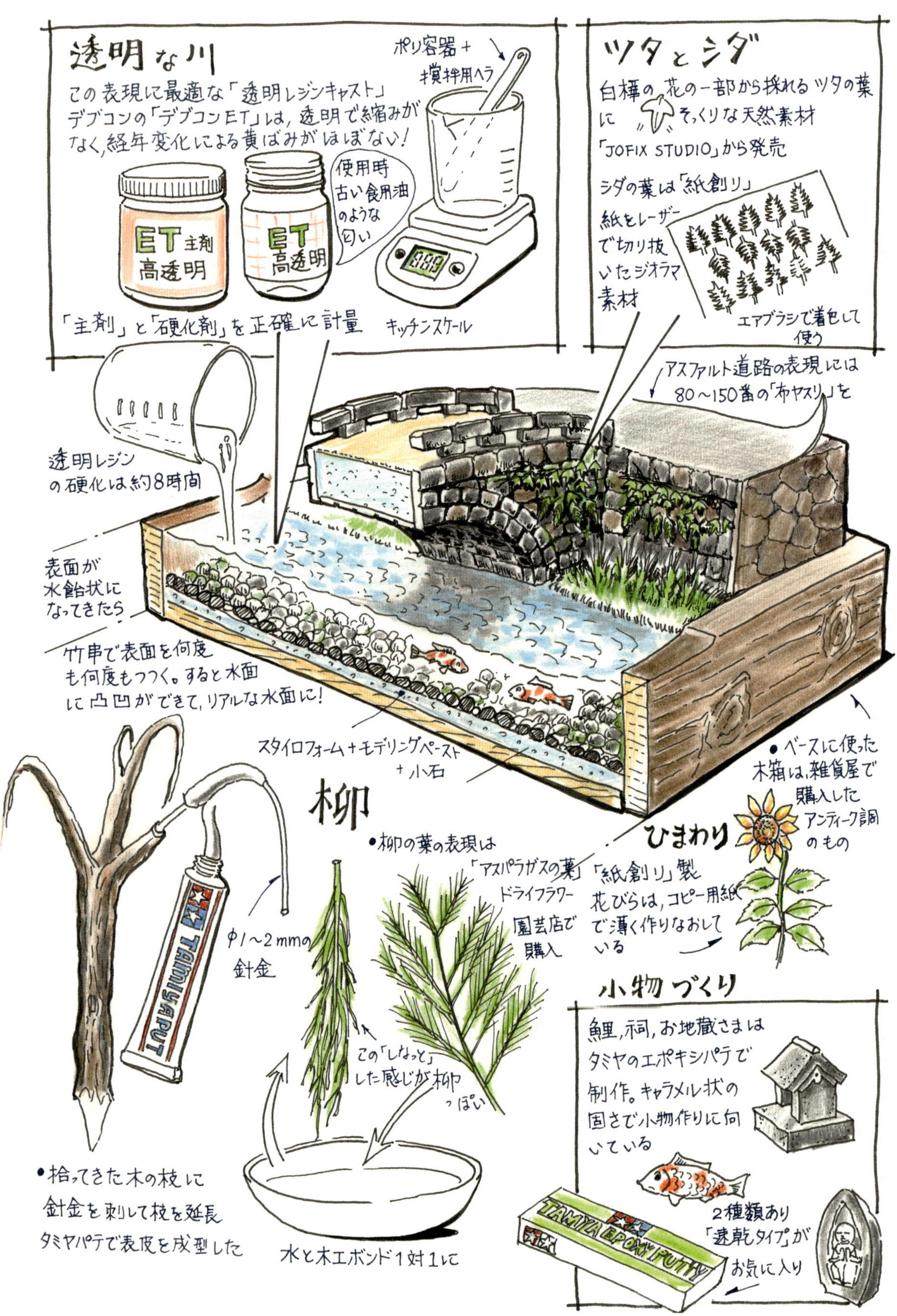
透明な川
この表現に最適な「透明レジンキャスト」
デブコンの「デブコンET」は，透明で縮みがなく，経年変化による黄ばみがほぼない！
ポリ容器＋撹拌用ヘラ
ET主剤 高透明
ET高透明
使用時古い食用油のような匂い
888
「主剤」と「硬化剤」を正確に計量
キッチンスケール
ツタとシダ
白樺の花の一部から採れるツタの葉にそっくりな天然素材
「JOFIX STUDIO」から発売
シダの葉は「紙創り」
紙をレーザーで切り抜いたジオラマ素材
エアブラシで着色して使う
アスファルト道路の表現には80〜150番の「布ヤスリ」を
透明レジンの硬化は約8時間
表面が水飴状になってきたら
竹串で表面を何度も何度もつつく。すると水面に凸凹ができて，リアルな水面に！
スタイロフォーム＋モデリングペースト＋小石
●ベースに使った木箱は，雑貨屋で購入したアンティーク調のもの
柳
φ1〜2mmの針金
TAMIYA PUT
●柳の葉の表現は「アスパラガスの葉」ドライフラワー
園芸店で購入
この「しなっと」した感じが柳っぽい
●拾ってきた木の枝に針金を刺して枝を延長タミヤパテで表皮を成型した
水と木工ボンド1対1に
ひまわり
「紙創り」製
花びらは，コピー用紙で薄く作りなおしている
小物づくり
鯉，祠，お地蔵さまはタミヤのエポキシパテで制作。キャラメル状の固さで小物作りに向いている
TAMIYA EPOXY PUTTY
2種類あり「速乾タイプ」がお気に入り

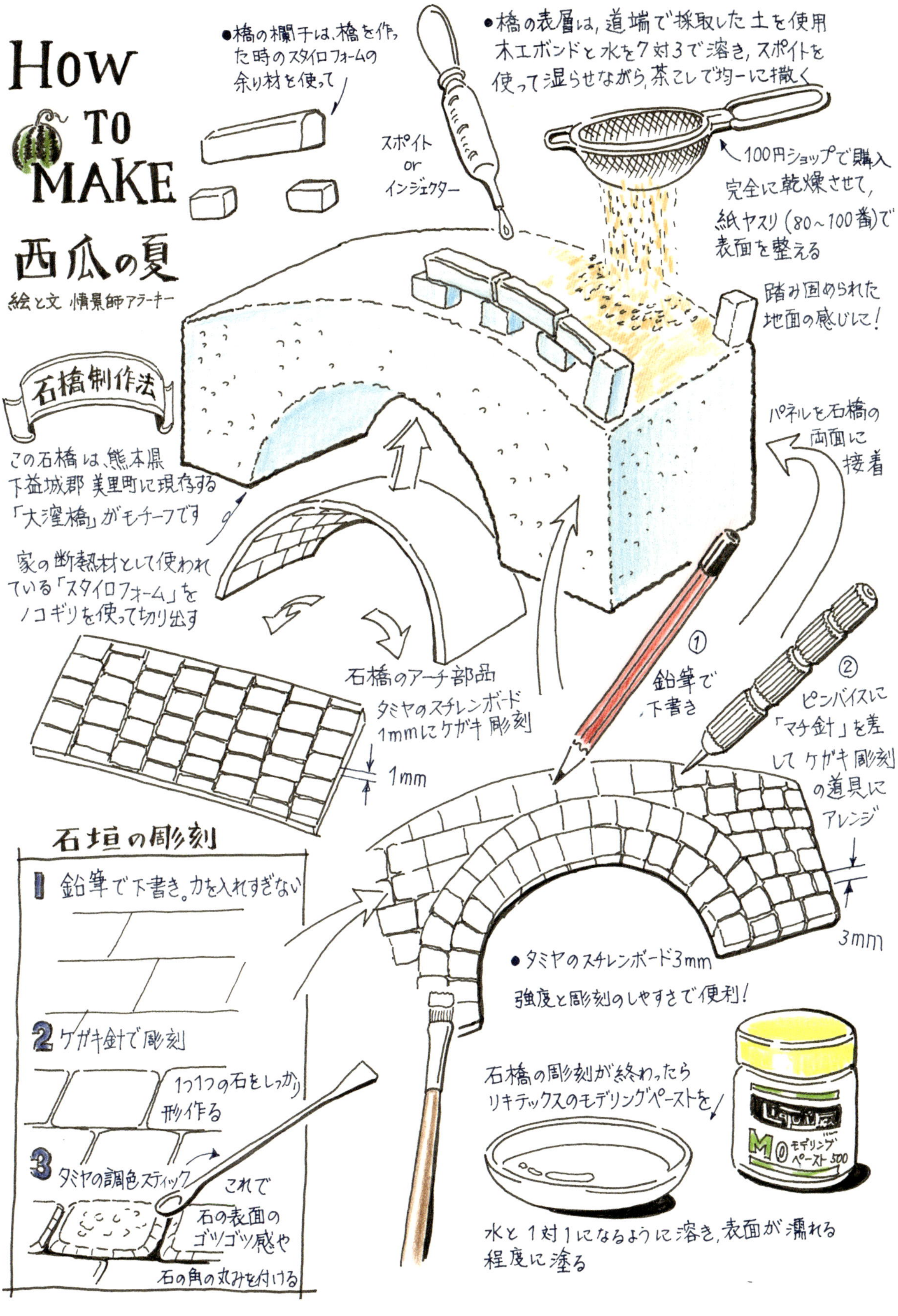
HOW TO MAKE
西瓜の夏
絵と文 情景師アラーキー
●橋の欄干は、橋を作った時のスタイロフォームの余り材を使って
スポイト or インジェクター
●橋の表層は、道端で採取した土を使用 木工ボンドと水を7対3で溶き、スポイトを使って湿らせながら、茶こしで均一に撒く
100円ショップで購入
完全に乾燥させて、紙ヤスリ（80～100番）で表面を整える
踏み固められた地面の感じに！
石橋制作法
この石橋は、熊本県下益城郡 美里町に現存する「大窪橋」がモチーフです
家の断熱材として使われている「スタイロフォーム」をノコギリを使って切り出す
パネルを石橋の両面に接着
石橋のアーチ部品
タミヤのスチレンボード1mmにケガキ彫刻
1mm
① 鉛筆で下書き
② ピンバイスに「マチ針」を差してケガキ彫刻の道具にアレンジ
3mm
●タミヤのスチレンボード3mm
強度と彫刻のしやすさで便利！
石垣の彫刻
1 鉛筆で下書き。力を入れすぎない
2 ケガキ針で彫刻
1つ1つの石をしっかり形作る
3 タミヤの調色スティック
これで
石の表面のゴツゴツ感や
石の角の丸みを付ける
石橋の彫刻が終わったらリキテックスのモデリングペーストを
M モデリングペースト 500
水と1対1になるように溶き、表面が濡れる程度に塗る

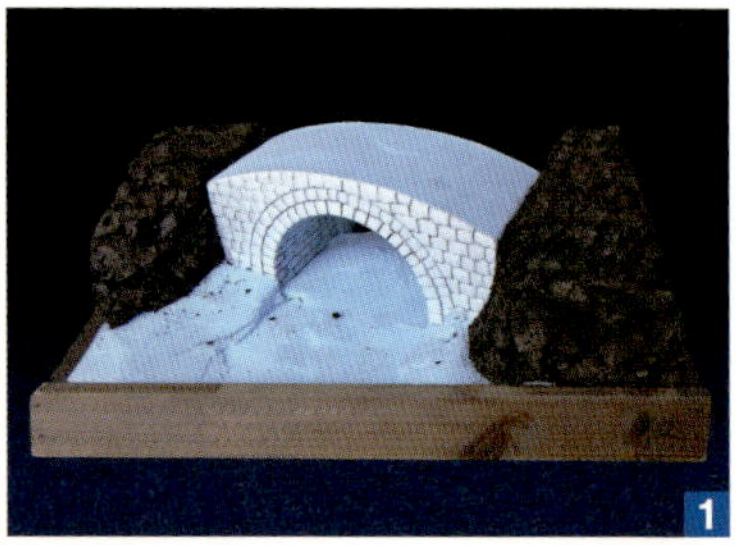

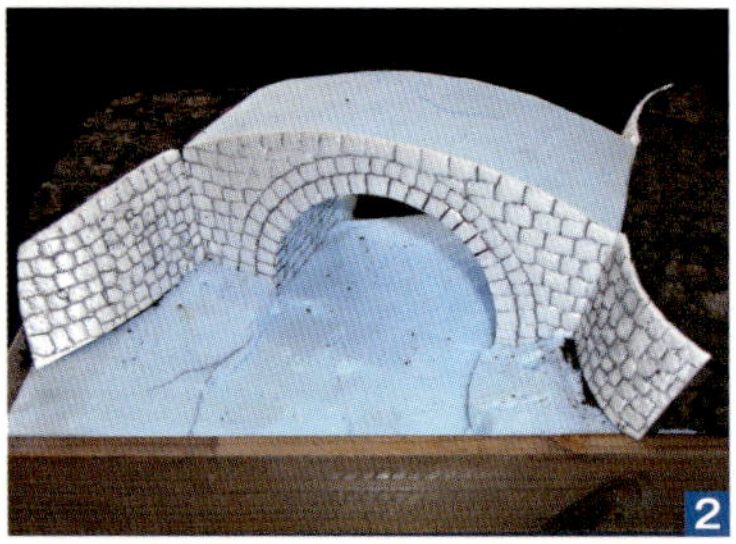

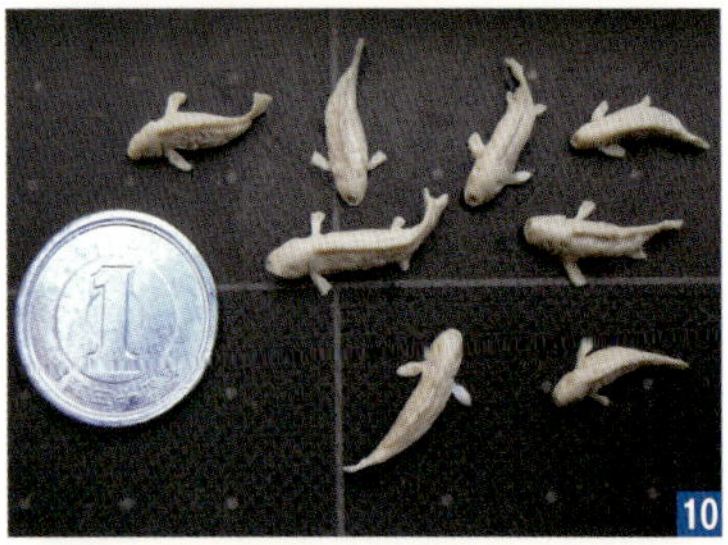

Detail

《情景❺》西瓜の夏

【 ジオラマベース編 】

1発泡ウレタンで作った石橋を配置。左右の土手はコルクブロック。2両岸の石垣も、橋の表面同様、タミヤのスチレンボードで。3石橋の塗装は、タミヤのアクリル塗料、フラットブラック＋レッドブラウンを混色し、ムラになるように。乾燥後、その色にフラットホワイトを加えた色を、ドライブラシで塗装。4川底に砂を撒き、水溶きした木工ボンドをスポイトで流して固定。近所で採取した小石を、川石として木工ボンドで接着。5川苔の再現として着色オガクズ（市販品）を水溶き木工ボンドで固定。6下草として、スタティックグラスを、つまみながら（草が立ち上がるようにするため）木工ボンドで接着。

【 フィギュア編 】

7 8 1/35スケールの兵隊フィギュア（ドイツ兵）を改造して、日本人顔のお兄さんに。9タミヤのエポキシパテで、麦わら帽子と軍手を自作。こういう小物作りがいちばん楽しい。

【 アクセサリー編 】

10川の中にチラリと見える錦鯉は、タミヤのエポキシパテで自作。11西瓜は100円ショップで見つけた木製の数珠をバラして、玉の穴を埋め、表面を紙ヤスリで整えてからエアブラシで緑色を塗装。縞模様は面相筆で。仕上げにクリアスプレーを吹いてツヤを出す。

☛ 登場する、材料名、用具名は、P45～「作る」の項で詳しく解説しています。

「撮る」

ジオラマには、制作や鑑賞以外に
「撮影する」という楽しみ方があります。
「本物みたいにリアルに撮る」
「ミニチュアらしく魅力的に撮る」
撮影のやり方次第で、
作品の魅力を100%、200%、それ以上に引き出せます。
特に世界じゅうにつながっているインターネットで作品を発信し、
その魅力を最大限に伝えるためには「写真術」が必要。
この項では、情報発信用「ジオラマの写真の撮り方」を解説します。

弘法カメラを選ばず

一眼レフカメラは、高解像度で、レンズ効果を巧みに操れます。安い機種も多くなり、手が届かないものではなくなりましたが、コンパクトデジタルカメラほどの普及率ではありません。

いいカメラがないといいジオラマ写真が撮れない？ いえいえ、実はこの本に掲載された写真はすべて、コンパクトカメラとiPhone6で私が撮影したものです。これらの機種は一眼レフにはない、ジオラマ撮影向きの大変優れた、次のような特性があるのです。

- 望遠から広角、接写まですべての撮影が1台でこなせる。
- 本体が小さいので、作品にぶつけることに気を使わずにジオラマに接近できる。
- 軽いので、アクロバティック（？）な撮影が可能。

特に、iPhoneのカメラのレンズはどのカメラよりも圧倒的に小さく、そして、レンズ位置が本体の端にあるので、それを有効に使い「低い視点」で撮影ができるというメリットがあります。通常撮影のタテ位置ではなく、本体を上下逆さまにして撮影すると、レンズが低い位置になり、アングルに迫力が出ます。

「接写」の強さをアピールしているカメラを選ぶのがコツ。今回は試験的にiPhone6での撮影写真も多く採用しています（各写真の下に表記）。

1

2

1 私の撮影スタイル。片手でジオラマを持ち、光の角度を調整。もう片方の手でカメラ操作。この方法ゆえに、軽くて扱いが楽なコンパクトデジカメが必要となる。

2 右から、Nikon COOLPIX P340、RICOH CX5、iPhone6。本誌掲載写真の90％は、中央のCX5で撮影。接写に強く、色合いもいいのでモデラーに愛用されているカメラ（2010年発売：絶版）。

例題写真上段 ➡ 赤灯台の防波堤 1/32scale・2009年制作
例題写真下段 ➡ 混沌の街 1/35scale・2006年制作（中東紛争を再現したジオラマ作品）

太陽光はリアル倍増マジック

私のジオラマ写真の多くは、太陽光の下で撮影したものです。どんなに優れた照明よりも「本物」に見える太陽の光。しかし、外にジオラマを出して、シャッターを押せばなんでもリアルに見えるわけではありません。光の捉え方次第で、ジオラマのディテールをさらに魅力的に引き出せます。

太陽光でのジオラマ撮影のポイントを次のようにまとめました。

- ジオラマを傾けて、光の差し込む角度を調整する。
- 晴天過ぎるのはNG。雲がわずかに入る天気を狙うのがいい。
- 夕焼けはズルイ！ どんな作品をも劇的に演出してくれる。
- あえて「どんよりした曇りの日」を狙いドラマチックに。
- 背景は「野外」だけではない！ パソコン画面で演出する裏技も。

1 雲が多い背景の写真はリアルさ倍増。この写真も、ジオラマを太陽のほうに傾けて、真上から太陽光が差し込むようにして「夏らしさ」を演出している。
2 ジオラマの傾け方次第で、夕方の斜めの陽射しに変わる。
3 逆光を入れると、朝陽の中の仕事風景っぽくなる。
4 赤い夕陽を受けたジオラマはドラマ性が倍増！ なるべく影ができるようにジオラマのディテールを作り込むのは、この写真を見れば一目瞭然かと！
5 曇りの日での撮影もまたドラマ性がUP。特に戦場などの緊張感溢れるシーンには最適。

■「借景」……まさに借りる景色！

野外撮影において、最適な「借景」が見つからない場合（海外の風景など）は、写真集などを背景に置いて撮影する。風景写真のカレンダーとか大型プリントのものも、使いでがあって便利なので、いつも気にかけてストックしておきたい。

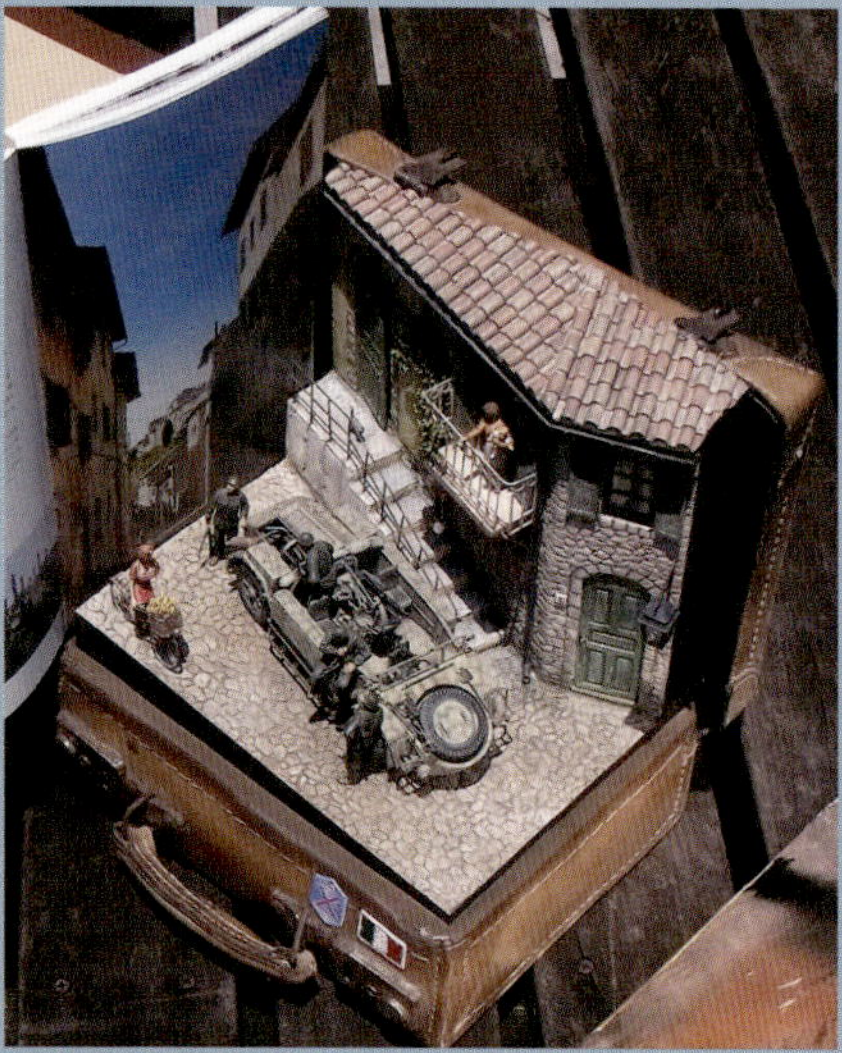

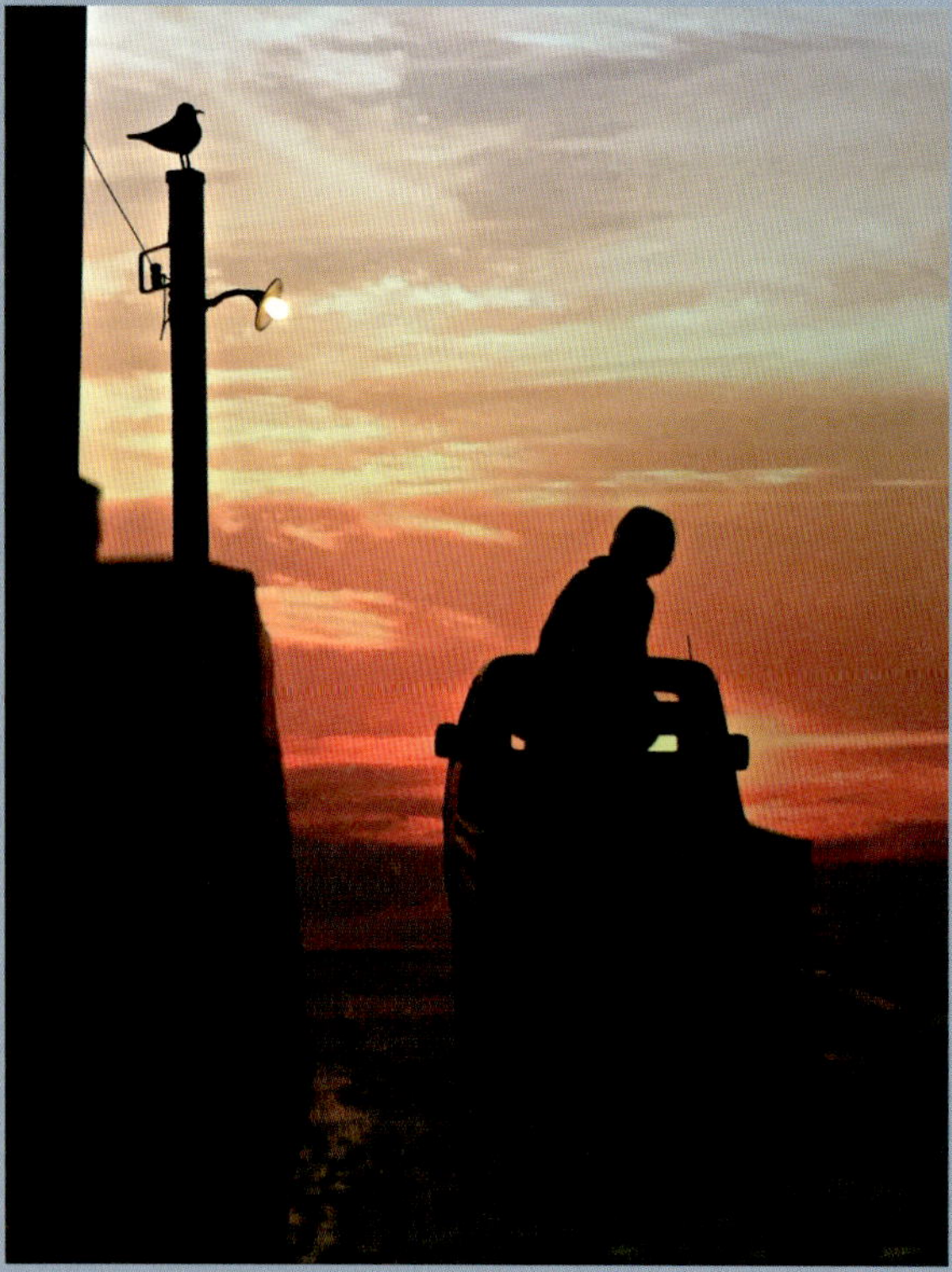

夕陽や夜景などのシーンを、パソコンやタブレットPCの画面に映し出して撮影するテクニックも。まず、Googleの画像検索で「夕陽」というキーワードで見つけた画像を、画面いっぱいに拡大表示し、モニターの明るさをアップさせる。部屋の照明をすべて消して、モニターの画面の明るさだけで撮影するとこんな写真が！　液晶TVなどで大きく表示させて背景にするのもGood。

■簡易スタジオ撮影の例

独特なツヤ消しの質感がキレイな色紙（NTラシャ）のA1～B1サイズの紙を数枚持っておくといい（私は個人的にブルーの色合いが好き）。壁から下げて、床をつたって紙が弧を描くようにしてマスキングテープで固定。ライトは、作業用に使っているルーペ付きLEDライトのみ。A3サイズのスチレンボードを山型に折り、片面にアルミ箔を貼った自作レフ版で補助光を入れる。

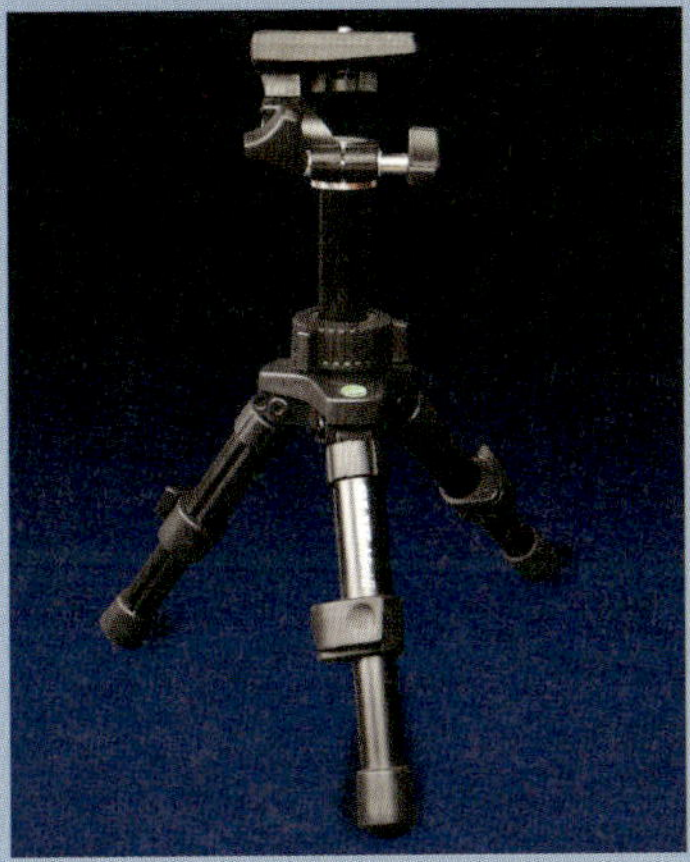

小型の三脚（1000～3000円程度）はマストアイテム！　撮影は、手ぶれ防止のために必ずタイマーを使って行なうこと。カメラの設定は、高解像度モード、ISOが選べるならば「ISO100」で。あとはおまかせモードである「プログラム撮影」のみで撮っている。撮影したら、画像ソフト「Photoshop」で、色味や露出等の修正、ホコリ取りは必ず行なう。スマホで撮影する際には、ピント合わせの位置で露出や色合いが変わるので、スマホ本体をいろいろ傾けながら何度も撮影する。

GOTHAM CITY 1/35scale・2013年制作

バットマンの映画を再現したジオラマ作品

ジオラマの前に、家庭用の超音波型加湿器を置き、その水蒸気越しに撮影。霧が立ち込めた幻想的な写真に。家庭にあるものを工夫して使うのも、ジオラマ撮影の楽しみ方。

■インターネットでウケる写真のテクニック

私の作品の中で最も有名な写真と言えば、Twitterで拡散した「リアル過ぎるゴミ捨て場」です。この写真は、アメリカのダウンタウンを再現したジオラマ作品の制作途中に、日光の下で仮撮影をしてリアルに見えるかをチェックした写真です。

リアルなジオラマを常に目指していますが、それゆえ、完成した写真が、かえって「たんなる風景写真にしか見えない」という問題が発生してしまいました。そこで、比較対象として自分の指を入れたのですが、やはり、指があるかないかでは大違い。これが想像以上にインパクトがあり、Twitterによって世界じゅうに拡散してしまったのです。

小さくて緻密なものと、大きな指（！）とが対比したギャップで、「ミニチュアならではの写真を楽しむ」のも撮影方法の1つだと思います。

《 指以外の対比例 コインや塗料瓶 》

指は、必ずハンドクリームを塗ってきれいな状態で撮影する気遣いを！ コインは各国でサイズが異なるので正確な大きさがわからないというデメリットが（日本国内ではウケる）。
写真には必ず、作者名とスケールを表記するように。そうしておかないと、ネットにアップし、自分の手元を離れて拡散したあとは、誰の作品なのかわからなくなる。

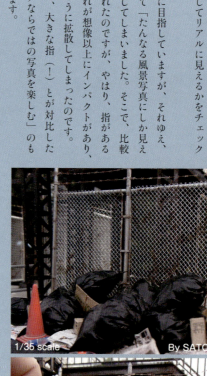

《情景⑥》

やきいも

夕暮れになると聞こえるあの声。
どこからか匂ってくる
あの焼けた木の匂い。
冷たい北風に凍えていた身体は、
ほくほくした焼き芋のことを
考えただけで、不思議と温かく
なってくるような気がします。
「ねえ、お母さんいいでしょう?」
子供たちにせがまれる前にすでに、
お母さんの頭の中は、
やきいものことでいっぱいに!

Close Up

《情景❻》やきいも

3

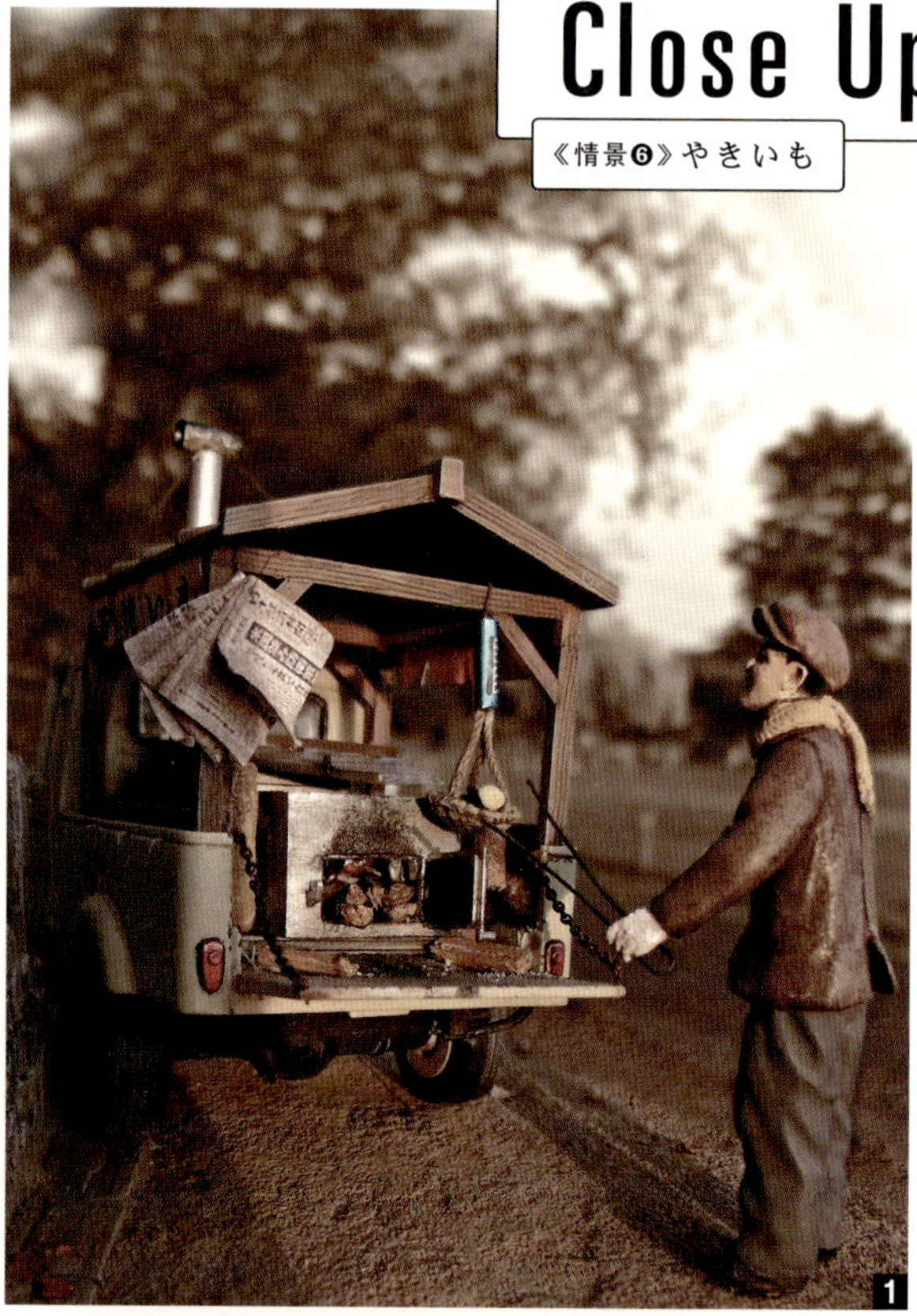
1

4

2

三丁目の夕日には、
オート三輪がよく似合う。

5

9

7

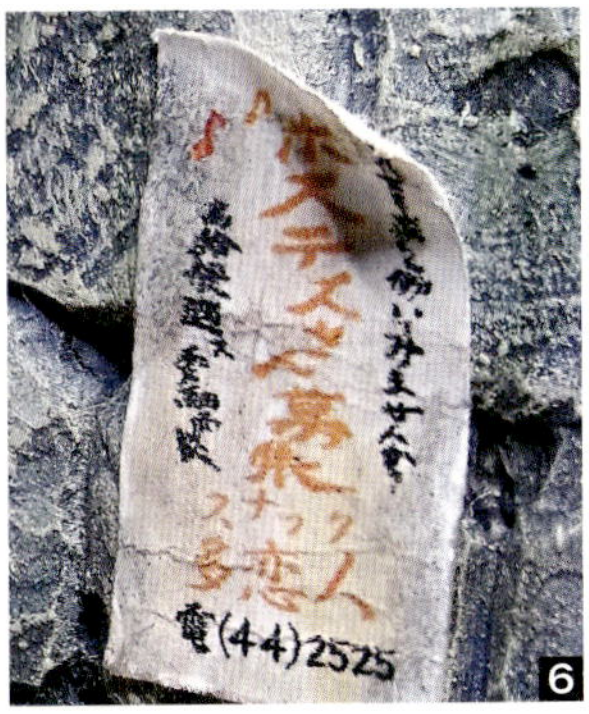

6

1 夕暮れの近所の公園で撮影したものを、画像加工ソフト「Photoshop」でセピア色に。昭和30年代が蘇る。
2 3 マイクロエース「昭和の歳時記」シリーズには、昭和の郵便ポスト、板塀、電柱など、気楽にジオラマが作れるアクセサリーが付いている。車は、ミゼット後期型。
4 1/35スケールの兵隊を改造して作った、つやっぽい昭和顔のお母さん。子供は、ガレージキットの「欧州の子供達」を昭和の服装にタミヤパテやエポキシパテで改造。
5 赤い夕陽の撮影は4月。しかし、秋頃に見える。
6 ホステス募集のチラシは、横浜の「ラーメン博物館」に貼られていたポスターを撮影した写真を縮小して使用。
7 マンホールは、実物を真上から撮影し、印画紙に縮小コピーした。
8 板塀の裏は民家の庭という設定。厚紙で作った植木鉢やドライフラワーを配置して雰囲気づくり。
9 昭和の記号とも言えるホーロー看板は、ネットで見つけた写真を縮小して印画紙にプリントしたもの。

8

☛やきいも
1/32scale・2007年制作
（プライベート作品）

この作品は、東京・小金井市の博物館「江戸東京たてもの園」内に展示されていた白黒写真がモチーフになっています。戦前から昭和30年代まで東京にあった建物を移築展示した、映画のセットのような素敵な場所です。

昭和30年代、どこかの駅前。ミゼット後期型の小さな荷台に焼き台を乗せて、身を屈めながら焼き鳥を焼く青年の姿。とてもいい写真で印象的でした。

博物館を訪れた時期に公開された「ALWAWAYS三丁目の夕日」は、懐かしい昭和の情景が詰まった心暖まる映画でした。その中に登場していた車が、小型オート三輪トラック「ダイハツ・ミゼット」です。

その姿と映画の内容に「江戸東京たてもの園」で見た白黒写真の光景が重なり、この素敵な映画で味わった感動をなんとか形に残したいと強く思いました。

そこで、映画に描かれた親子愛のエッセンスを取り込み、ジオラマのストーリーを作りました。

秋、夕暮れ時。やきいもを売る青年と、それをねだる母と子の姿。マフラーと熟れた柿、秋の深まりが感じ取れるようにしました。

ジオラマ制作は映画作りに似ています。脚本、監督、キャスティング、美術と、1人ですべてこなしてしまうのが大変であり楽しみなのです。大きなセットを作らなくても、手のひらサイズの小さな台で映画のような演出はじゅうぶん可能なのです。

« 5 SIDE VIEW »

TOP

Ⓓ 149mm

Ⓦ 198mm

RIGHT

Ⓗ 230mm

FRONT

LEFT

BACK

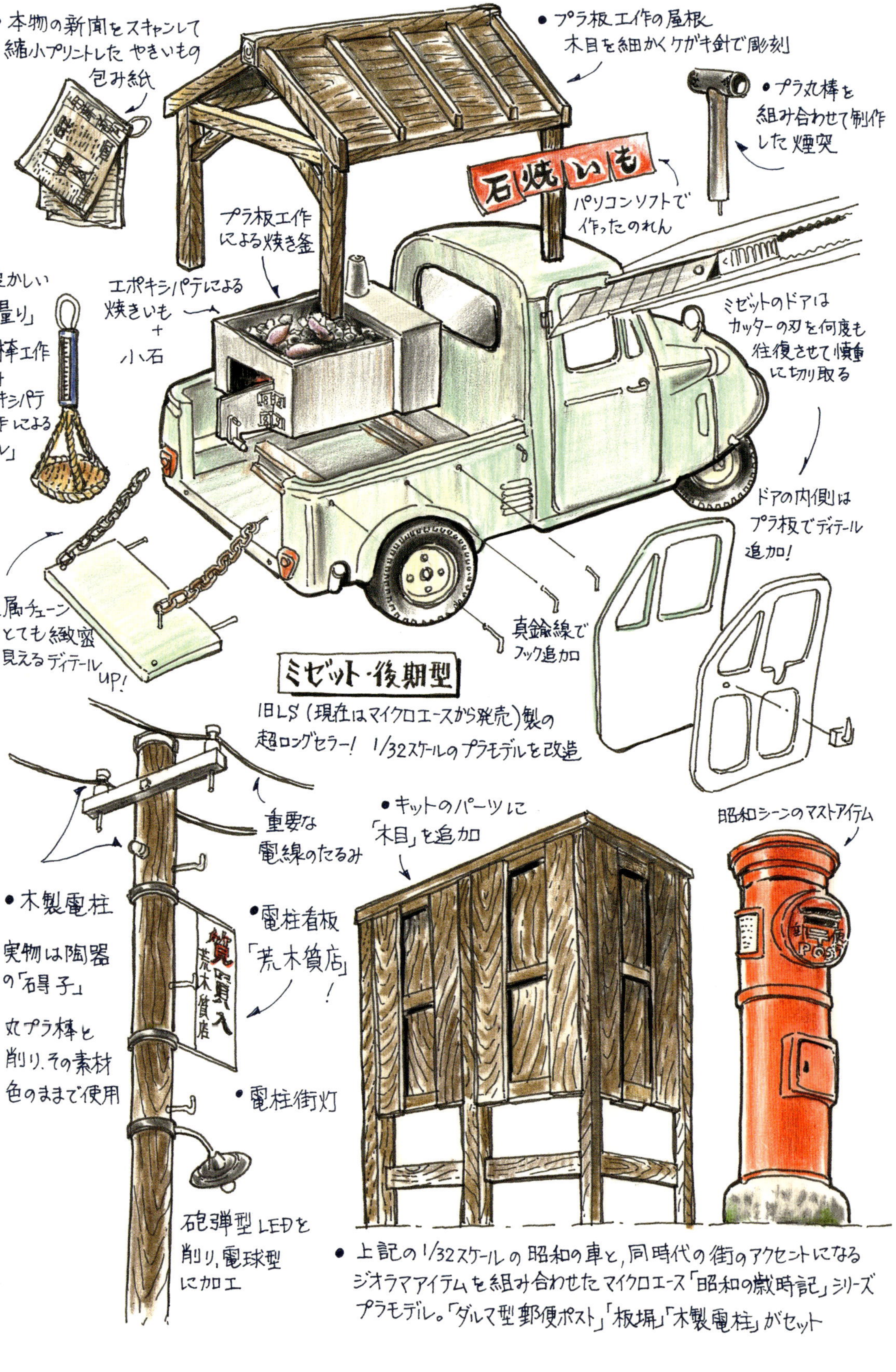

・本物の新聞をスキャンして縮小プリントしたやきいもの包み紙
・プラ板工作の屋根 木目を細かくケガキ針で彫刻
・プラ丸棒を組み合わせて制作した煙突
石焼いも
パソコンソフトで作ったのれん
プラ板工作による焼き釜
エポキシパテによる焼きいも＋小石
・懐かしい「バネ量り」プラ棒工作＋エポキシパテ工作による「ザル」
ミゼットのドアはカッターの刃を何度も往復させて慎重に切り取る
ドアの内側はプラ板でディテール追加！
金属チェーンはとても緻密に見えるディテールUP！
真鍮線でフック追加
ミゼット・後期型
旧LS（現在はマイクロエースから発売）製の超ロングセラー！ 1/32スケールのプラモデルを改造
重要な電線のたるみ
・キットのパーツに「木目」を追加
昭和シーンのマストアイテム
・木製電柱
実物は陶器の「碍子」
丸プラ棒を削り、その素材色のままで使用
・電柱看板「荒木質店」！
質 質買入 荒木質店
・電柱街灯
POST
砲弾型LEDを削り、電球型に加工
・上記の1/32スケールの昭和の車と、同時代の街のアクセントになるジオラマアイテムを組み合わせたマイクロエース「昭和の歳時記」シリーズプラモデル。「ダルマ型郵便ポスト」「板塀」「木製電柱」がセット

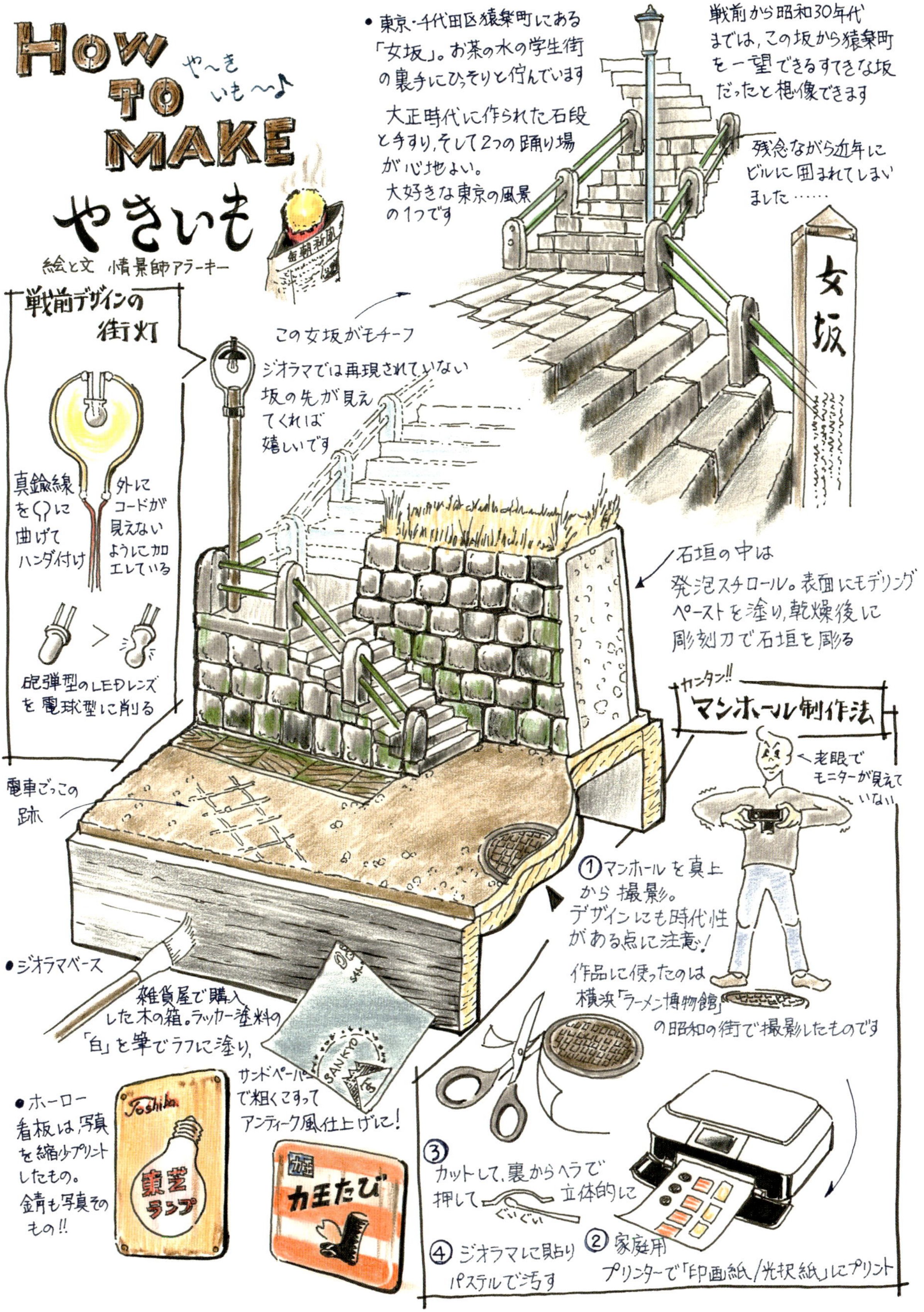
HOW TO MAKE
や〜きいも〜♪
やきいも
絵と文 情景師アラーキー
・東京・千代田区猿楽町にある「女坂」。お茶の水の学生街の裏手にひっそりと佇んでいます
大正時代に作られた石段と手すり、そして2つの踊り場が心地よい。
大好きな東京の風景の1つです
戦前から昭和30年代までは、この坂から猿楽町を一望できるすてきな坂だったと想像できます
残念ながら近年にビルに囲まれてしまいました……
女坂
朝日新聞
戦前デザインの街灯
真鍮線を♀に曲げてハンダ付け
外にコードが見えないように加工している
砲弾型のLEDレンズを電球型に削る
この女坂がモチーフ
ジオラマでは再現されていない坂の先が見えてくれば嬉しいです
石垣の中は発泡スチロール。表面にモデリングペーストを塗り、乾燥後に彫刻刀で石垣を彫る
カンタン!!
マンホール制作法
老眼でモニターが見えていない
電車ごっこの跡
①マンホールを真上から撮影。デザインにも時代性がある点に注意!
作品に使ったのは横浜「ラーメン博物館」の昭和の街で撮影したものです
・ジオラマベース
雑貨屋で購入した木の箱。ラッカー塗料の「白」を筆でラフに塗り、
サンドペーパーで粗くこすってアンティーク風仕上げに!
SANKYO
・ホーロー看板は写真を縮小プリントしたもの。錆も写真そのもの!!
Toshiba
東芝ランプ
力王たび
③カットして、裏からヘラで押して立体的に
ぐいぐい
④ジオラマに貼りパステルで汚す
②家庭用プリンターで「印画紙/光沢紙」にプリント

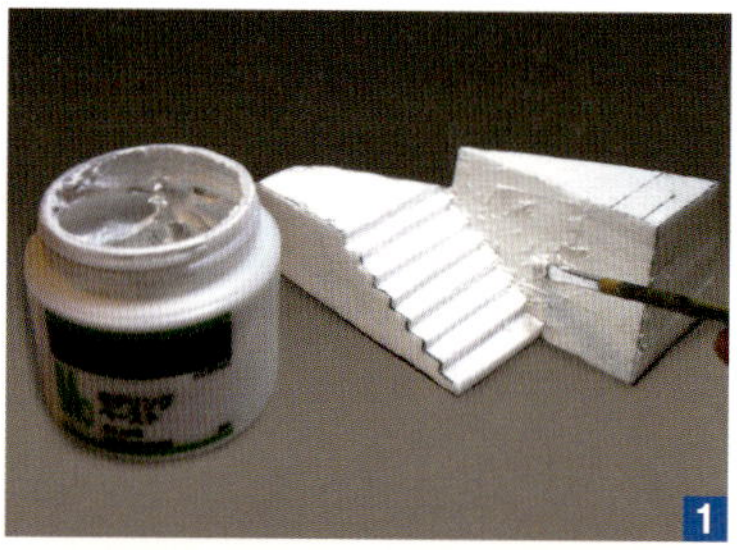

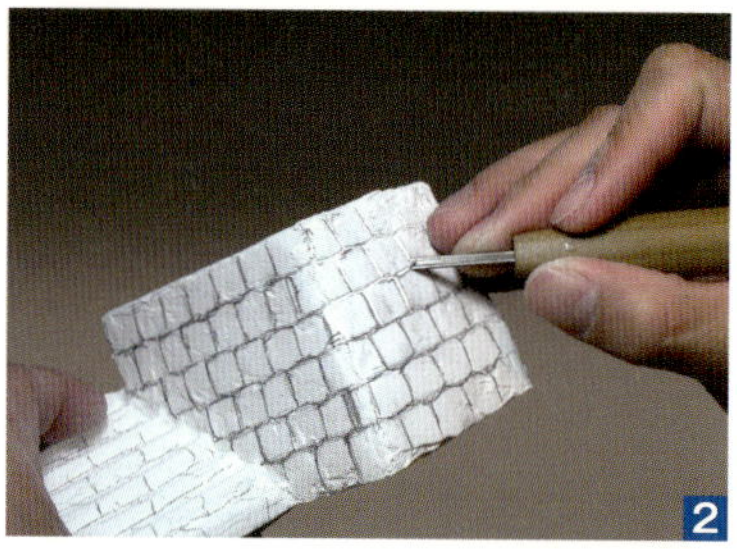

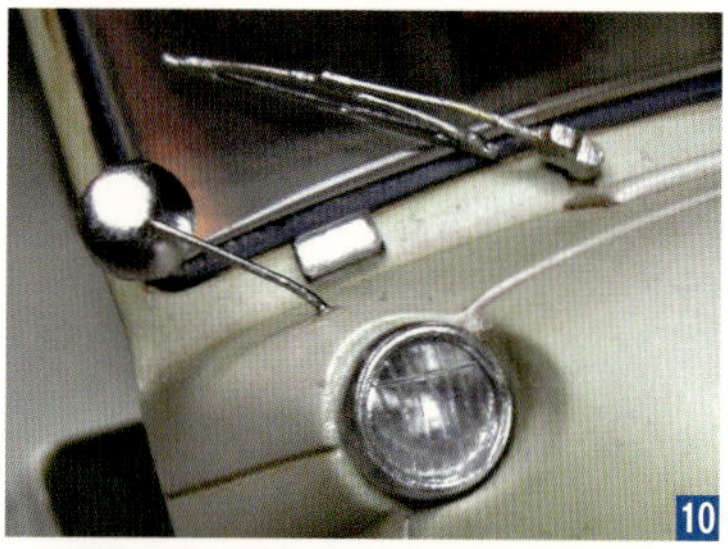

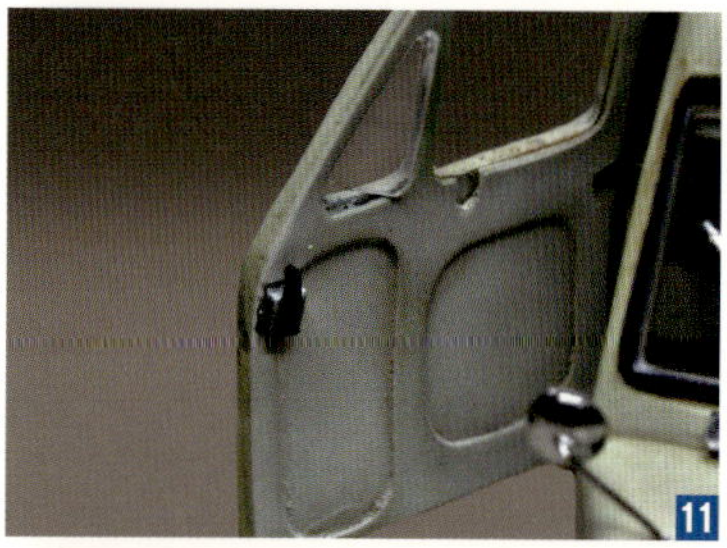

☛ 登場する、材料名、用具名は、P45〜「作る」の項で詳しく解説しています。

Detail

《情景❻》やきいも

【 ジオラマ製作編 】

123小さなベースには、高さを加えることで奥行き感の演出が可能です。発泡スチロールにモデリングペーストを塗り、彫刻刀で石垣を彫り出す。ちなみに、古い作品なので、発泡スチロールを使用していますが、造型しやすさ、耐久性から、現在はスタイロフォームを使います。**4**キットに入っている板塀と電柱を石垣に組み合わせ、サイズ感や位置などを確認。**5**塗装は、タミヤアクリルで。土台の下の苔の表現に注目。**6**看板は、実際のホーロー看板の写真を1/32スケールで縮小し、いくつか並べてから印画紙にプリント。

【 フィギュア製作編 】

78ドイツ兵から、日本人顔に改造されていく2人。**9**サツマイモが入った麻の袋、お母さんの買物カゴ、バネ量りのカゴなどの小物は、タミヤのエポキシパテで自作。

【 車体工作編 】

10車の模型では、これをいじれば緻密になるというポイントが「ライト、バックミラー、ワイパー」の3点。真鍮線などを用い、キットのものよりも細く、薄く作り直します。**11**ミゼットのキットのドアを切り抜く。ドア部分の溝をカッターで何度も往復。ドアの内側はGoogleの画像検索で見つけた資料をもとにプラ板で工作。**12**やきいもの焼き台もプラ板で工作。サツマイモはエポキシパテで。「石焼」の石は、近所で拾ってきた砂利をエポキシ接着剤で固定。

「保存する」

作った作品をいつでも眺めていたいならば、
ホコリから守る「展示ケース」が欲しくなるもの。
また、ジオラマを展示会やコンテストに出すようになれば、
運搬用のケースも必要になってきます。
この項では、大切な作品を長く楽しむための
「保存」方法を解説します。

［飾る・とっておく・運ぶ］
作ってからもずっと楽しみたい

私は、初めて本格的なジオラマを作った中学生から現在まで、大小あわせて100近い作品を制作しました。そして現在、自宅にある作品は70。自宅を建てた時に、リビングに置けるように展示棚を設計して、棚と共に、そこにぴったりと収まるアクリルケースを特注しました。さすがにすべての作品を展示できるスペースなどありませんので、倉庫（元・客間）でも、専用の保管箱で大切に保存しています。

展示会などイベントに貸し出すことも多いのですが、実際に私が設置する時間もない場合は、運送から、設置、撤収までをイベント会社に一任というケースも。そこで、誰もが扱え、かつ安全に運搬できるダンボールの専用保管箱を自作しています。木の箱よりも軽く、多少の衝撃も吸収してくれ、手に入れやすいという点がダンボールの魅力です。

［自作のオリジナル保管・運搬用ケース］
「情景師ＢＯＸ」の作り方

まず、近所のスーパーや電気店などから大型のダンボール箱をもらってきます。特にティッシュや紙オムツの箱は、商品の打痕防止のために2重になっていたり、強化されたダンボール紙を使っているので狙い所です。

手に入れたら次のステップへ。せっかくのジオラマ保管箱の外装に「○○オムツ」と書かれたままでは残念なので、箱をカッターで分解して表裏を反転

デザインが統一されたジオラマ箱が眠る倉庫。

リビングのジオラマ展示コーナー。

保存する

させ、表面が無地になるように（事例写真では、ホームセンターで市販されている無地の箱を使用）⬇1 箱のサイズが大きくなると、移動の際に邪魔になるので、ジオラマのサイズに合わせ大きさを調整。

ジオラマの固定は、作ったベースの段差を利用し、箱の内側左右の壁に突き出させた出っ張りで、押さえつけるだけの方法です⬇2

この固定方法に合わせるように、作品を作る際には、多くの場合、ジオラマのベースの左右に段差ができるように設計します。取り出しやすさを考慮して、手がジオラマの底に入るように、底面をダンボールの切れ端でカサ上げ⬇3 4

ダンボールの接着には、ホットメルトが丈夫で早くて便利です。箱の蓋は本体に周囲が覆いかぶさるようにフチを付けます。上面には「凸」状のベロを作っておき、天面に開けたスリットに差し込んで、蓋を固定できるようにしておく⬇5

念のため、蓋の内側には、作品が収納された状態の写真を貼り、取り出しの際に注意する点を書き込んであります。万が一紛失した時のため、住所と電話番号も記入しています。

箱のヘリ部分にはカラーガムテープでフチ取りを。これは、箱の角がこすれやすいためのガード役、また、自分の作品箱がすぐに探せる目印役、そして、箱を落下させる事故を防ぐ滑り止め役でもあります。

自作するのが面倒なら、ホームセンターで売られているプラスチックの収納ケースを上下逆さにして使う方法も⬇6 その場合、ジオラマベースの底面とケースの蓋を、底面からネジで数カ所固定する方法が、最もしっかりと固定できます。

1

2

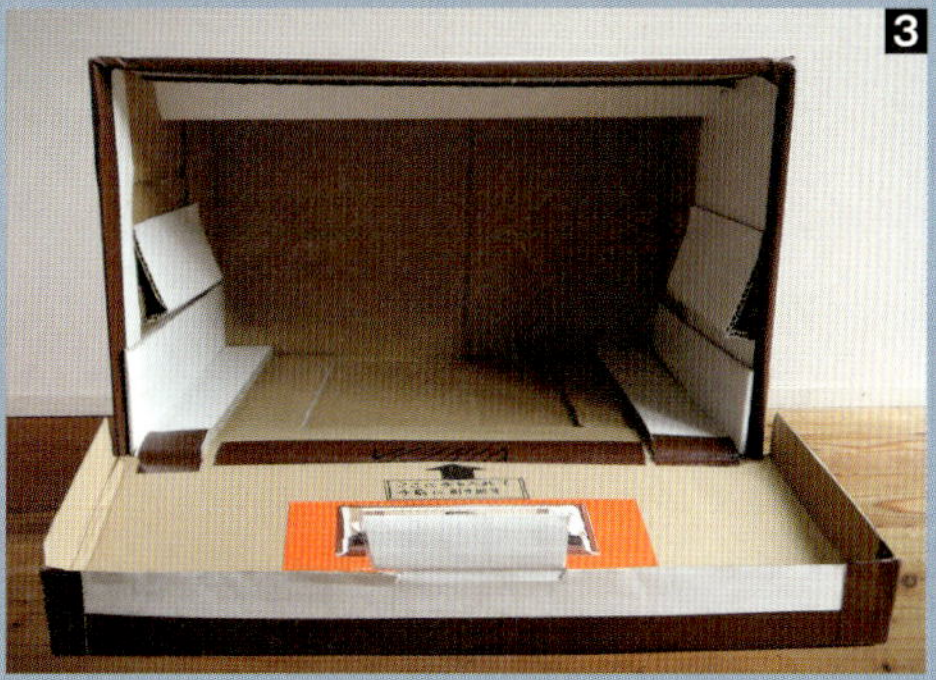
3

4

5

6

オリジナルの展示ケースを

ジオラマ作品の展示には、ホコリや破損から守るために専用のアクリルケースが欲しい。一から自作することもできますが、透明アクリルの工作はとても繊細な作業ですので、私は専門の業者に発注しています。透明ケースのスタイルは2種類。専用のケース台座と透明ケースを組み合わせて、作品を中に「収納する方法」と、ジオラマにぴったり合わせて蓋を「かぶせる方法」です。私は、いずれも、3～5㎜厚の透明アクリルで特注しています。

「収納型」（❶❷）は、透明ケースの内寸に収まる底（写真の白い部分）を、高さ30㎜（好み）で設計します。盗難&いたずら防止用として、左右にケースとつなぐためのネジ穴を作っておくといい。このケースは個展の際には良く映え、作品を魅力的に演出してくれます。台座を白にするのか黒にするか、作品や展示の狙いによって色選びも重要です。

「かぶせ型」（❸）は、透明ケースが前後左右にズレないよう、ジオラマ制作時に前もって、台座に段差と垂直面となる壁を作っておく必要あります。

市販のショーケースを使う方法

多くの作品を飾れるタテ型（❹）のケースで、まとめて展示する方法もあります。IKEAの展示ケースは安価でバリエーションも多くオススメ。両面テープなどで取り付け可能な薄型LED照明も売っています。近くに店舗がなければ通販でも。照明付きケースに並んだ作品を眺めるのは至福の時です。

3

1

4

フランスのアンティークのショーケース。照明は、IKEAの「OMLOPPLED スポットライト」を使用。

2

■アクリルケース製作「エース工房」 http://www.ace-k.jp/index.html 大阪の業者でメール注文のみで対応。仕上げも良く、あらゆる要望に応えてくれます。
■IKEA オンラインショップ http://store051.com/

《情景⑦》

トタン壁の造船所

この港町には、その場所がどこなのか、
正式な住所よりも
明確に伝わる独特な言い方があります。
「トタン造船所の右側の林さん」
「トタンの真向かいの道を左に」
街に根付き、みんなに愛されている
街のシンボルがあってこその
ローカルルールが、
ここにあります。

Close Up

《情景❼》トタン壁の造船所

1

2

後ろから見たら、別の情景が広がった。

3

1瀬戸内海の、静かな内海に沿った街にある造船所という設定。これは、実在するわけではなく、Googleの画像検索で見つけた写真からイメージした架空の建物。
2アオシマ製1/64スケール、マグロ漁船のプラモデル。青森・大間に実在する伝説のマグロ漁師の愛船をモデルにした製品。「集魚灯」は、ネットの画像検索で集めた資料をもとに、極細のコードを使って「まるで灯りそうな」雰囲気にディテールアップ（実際には不点灯）。
3自宅のベランダにて野外撮影。雲が多少ある日は撮影向きで、本物のように撮れる。ジオラマを作り始める際に、こういうアングルの写真を頭の中で妄想し、そう撮れるようにジオラマの構想を練っていく。

6

7

8

4

5

4 Googleの画像検索で見つけてひと目惚れした港用のクレーン。すべてを自作して、錆び具合も完全コピーした。
5 ドラム缶は、1/72スケールの戦車のプラモデルキットに入っていたアクセサリー。
6 フォークリフトは、漁船と同じスケールの、トミカ1/64ミニカーを大改造して。
7 日野のトラック（トミカ・リミテッドヴィンテージ）は、バックミラーを細い真鍮線で作り直して、汚し塗装を加えた。
8 夏ツタの色が、錆びたトタンに映える。ミニネイチャーの「ツタ」を1枚1枚ピンセットでつまみ、ゼリータイプの瞬間接着剤で固定。ツタは横に延びる特徴を再現して。
9 **10** **11** このジオラマは、前面と側面の2方向から楽しめるように設計した。造船所の内側も細かく再現。チップLEDを使って照明を設置すると、夜間作業の様子が現れる。照明は、様々な「影」がどのように生まれてくるかを考えて配置する。

10

9

光と影が、工場の油臭さを匂い立たせる。

11

☞トタン壁の造船所
1/64scale・2011年制作
（『モデル・カーズ』作例）

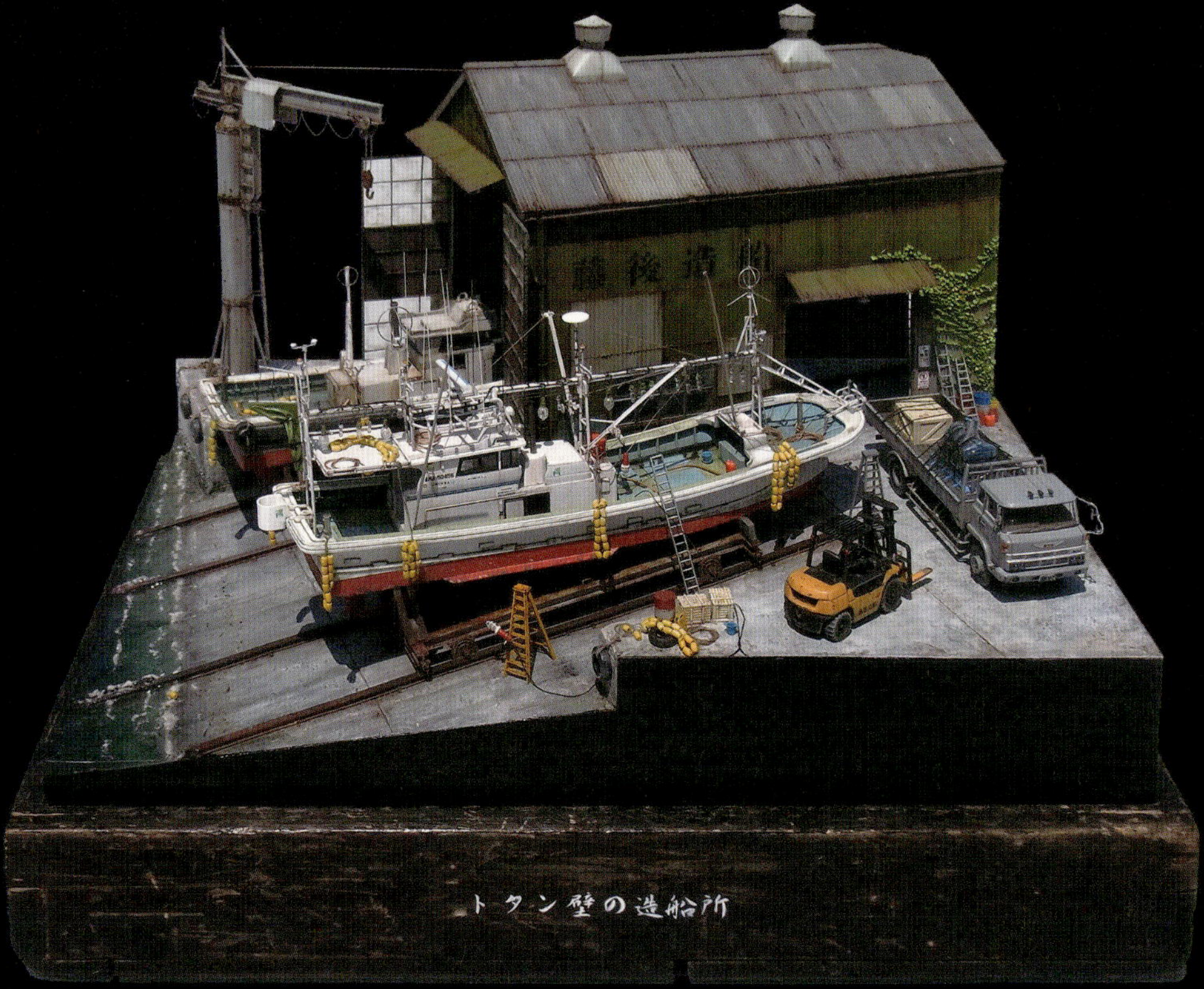

この作品は、模型メーカー「アオシマ文化教材」から、とても珍しい「マグロ漁船」のプラモデルが発売されたことがきっかけで制作しました。あまりスタンダードではない1／64スケール。しかしすぐに、ミニカーの老舗「トミカ」の標準的なスケールだと気づいて、車との組み合わせでジオラマの構想を練りました。以前から作ってみたかったテーマ「トタン壁の工場」をマッチングさせて生まれました。

通常のジオラマは、意図したシーンが一番伝わるのが「正面」。しかしこのジオラマでは、野外で漁船を整備している様子、建物内で整備している様子と、前と後ろで見せる表情が異なります。いろんな時間や気象で撮影ができるように構図を考えた「2フェイス」ジオラマとしました。

私の父の故郷が、長崎の五島列島の奈良尾という小さな漁港だったことで、田舎の思い出として港に関するジオラマを多く作っています（作品「港の片隅で…」P21も同様）。

この「トタン壁の造船所」の想定場所は、穏やかな瀬戸内海の漁港という設定。父の田舎や旅行した先の漁港を頭の中で合成した妄想の場所です。造船所の資料はGoogleの画像検索で集めただけで、現地取材は行なっていません。

パソコンと妄想だけでここまでのジオラマが作れるという例です。妄想力を鍛えることはとても大切なことです！

« 5 SIDE VIEW »

TOP

D 305mm

W 435mm

RIGHT

H 365mm

FRONT

LEFT

BACK

造船所建屋

●Googleの画像検索で見つけた様々な造船所のイメージを合成して，いかにもありそうな建屋デザインにまとめた

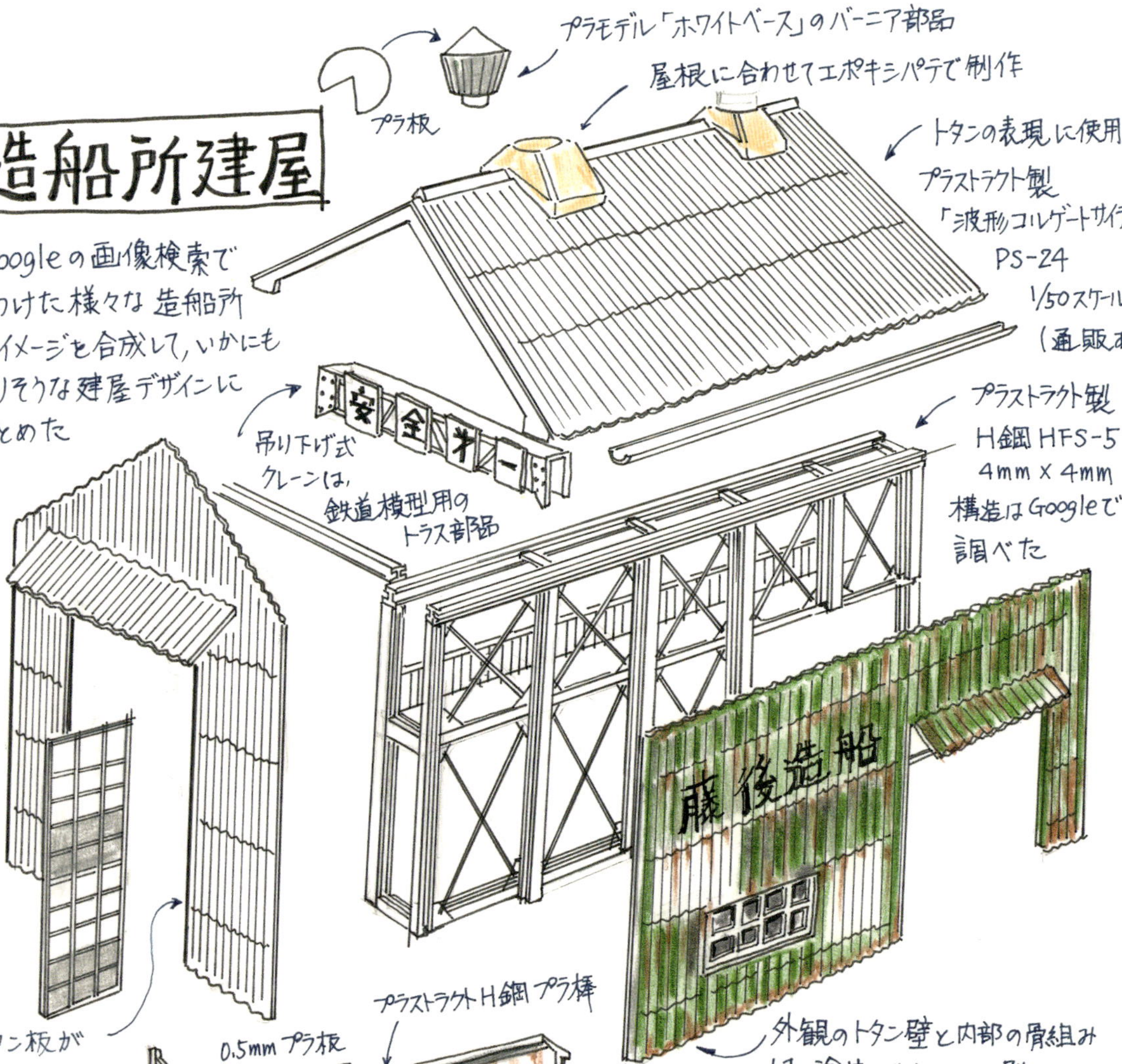

プラモデル「ホワイトベース」のバーニア部品

屋根に合わせてエポキシパテで制作
トタンの表現に使用した
プラストラクト製
「波形コルゲートサイディング」
PS-24
1/50スケール用
（通販あり）
安全第一
吊り下げ式クレーンは，鉄道模型用のトラス部品
プラストラクト製
H鋼 HFS-5
4mm x 4mm
構造はGoogleで調べた
藤後造船
トタン板が重なって見えるように溝を彫刻
外観のトタン壁と内部の骨組みは，塗装しやすいように別々に外して制作している

屋外クレーン

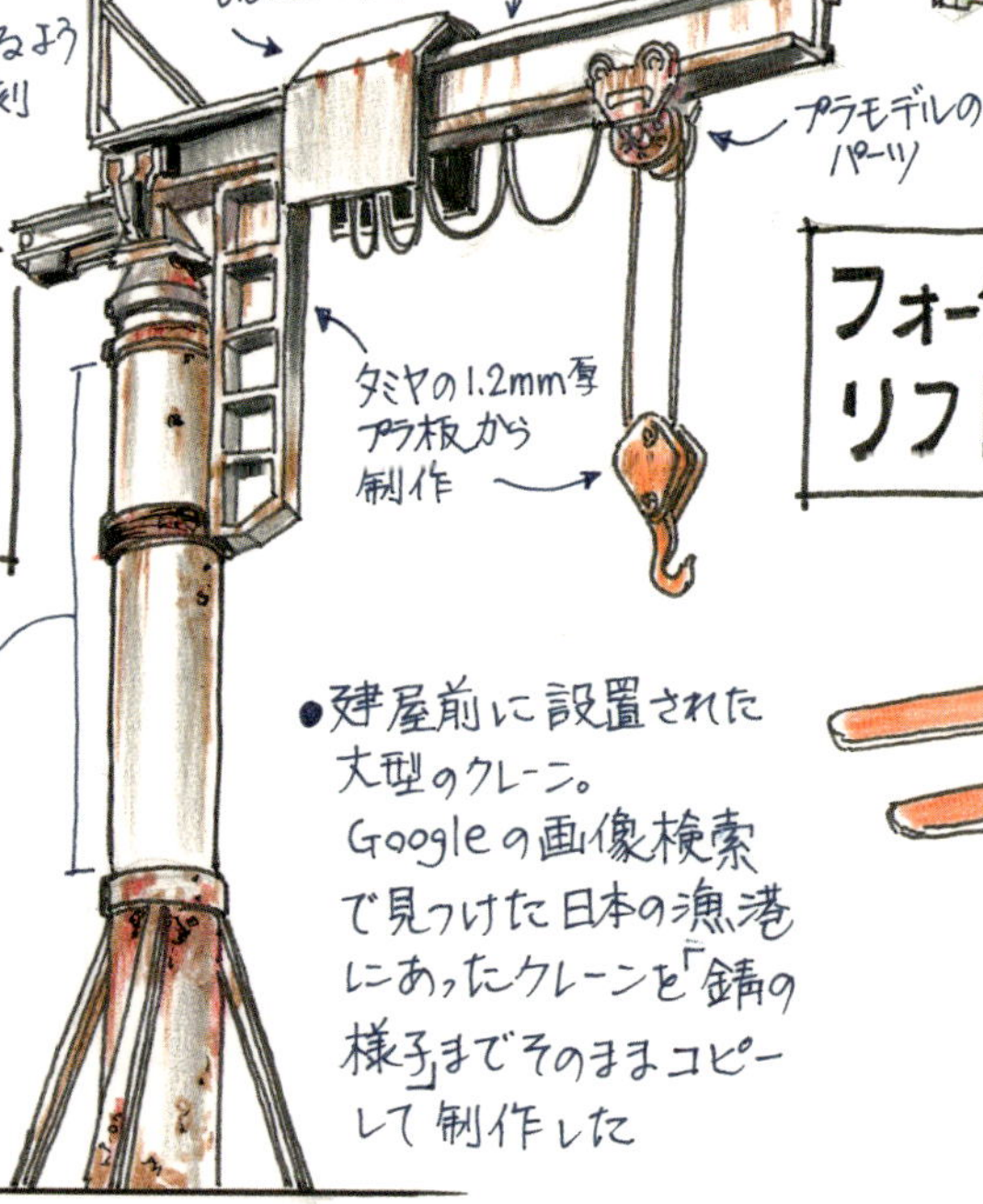

プラストラクトH鋼プラ棒
0.5mmプラ板
プラモデルのパーツ
タミヤの1.2mm厚プラ板から制作
ABS製の水道パイプ

●建屋前に設置された大型のクレーン。Googleの画像検索で見つけた日本の漁港にあったクレーンを「錆の様子」までそのままコピーして制作した

フォークリフト

オレンジ色の部分はすべてプラ板による自作パーツ
藤後造船
1/64

●漁船のプラモデルにピッタリなスケールのトミカのフォークリフト。そのままでは「おもちゃ的」なので，プラ板で作り直した

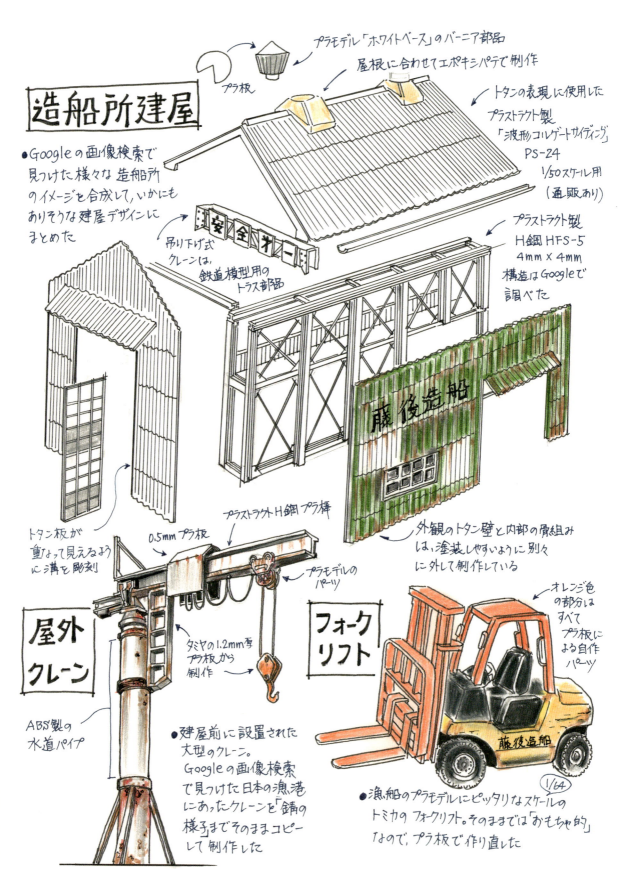

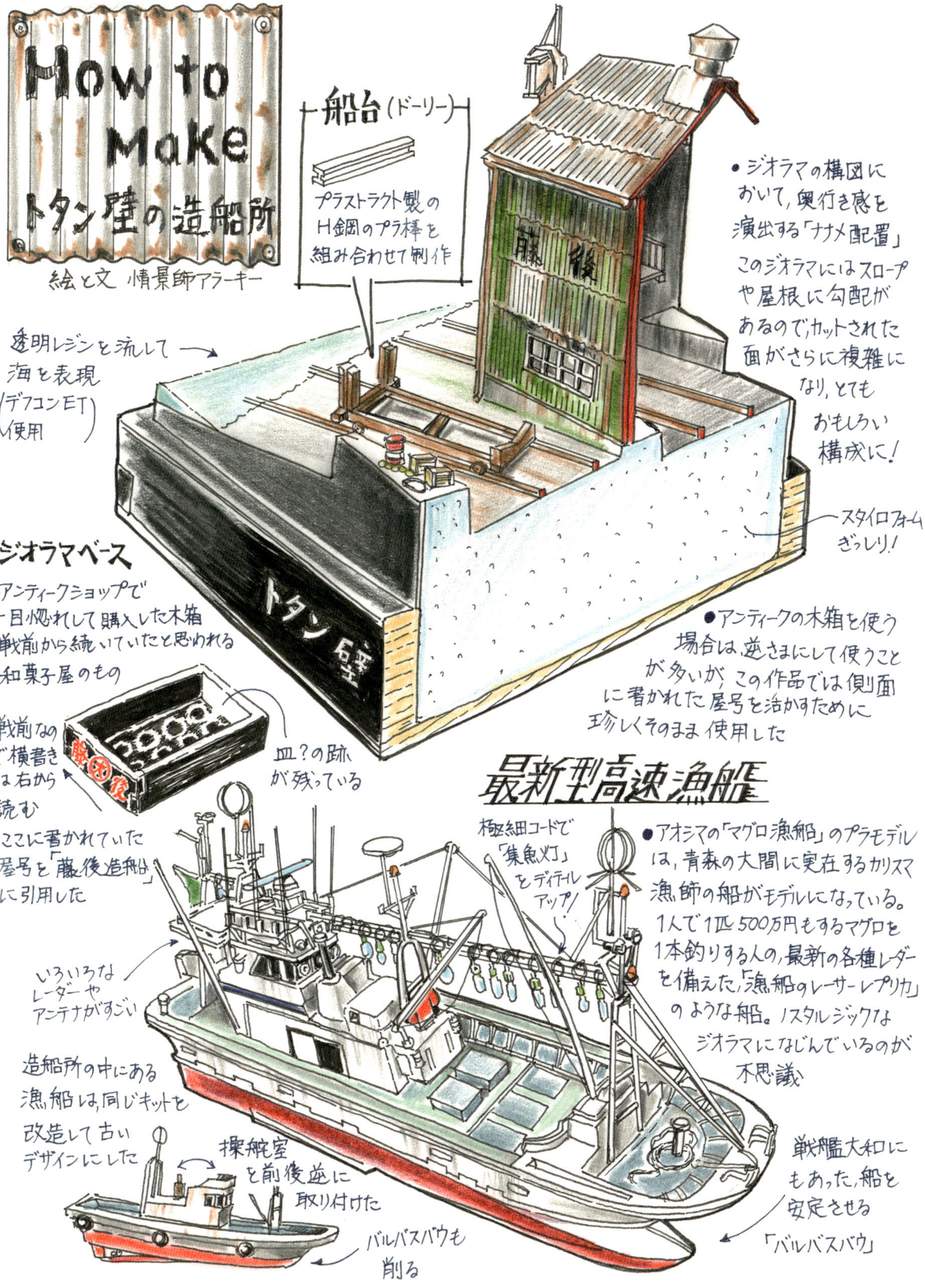
How to Make
トタン壁の造船所
絵と文 情景師アラーキー
船台(ドーリー)
プラストラクト製のH鋼のプラ棒を組み合わせて制作
透明レジンを流して海を表現(デフコンET使用)
藤 後
●ジオラマの構図において、奥行き感を演出する「ナナメ配置」
このジオラマにはスロープや屋根に勾配があるので、カットされた面がさらに複雑になり、とてもおもしろい構成に!
スタイロフォームぎっしり!
トタン壁
ジオラマベース
●アンティークショップで一目惚れして購入した木箱
戦前から続いていたと思われる和菓子屋のもの
戦前なので横書きは右から読む
皿?の跡が残っている
ここに書かれていた屋号を「藤後造船」に引用した
●アンティークの木箱を使う場合は逆さまにして使うことが多いが、この作品では側面に書かれた屋号を活かすために珍しくそのまま使用した
最新型高速漁船
極細コードで「集魚灯」をディテールアップ!
●アオシマの「マグロ漁船」のプラモデルは、青森の大間に実在するカリスマ漁師の船がモデルになっている。1人で1匹500万円もするマグロを1本釣りする人の、最新の各種レーダーを備えた「漁船のレーサーレプリカ」のような船。ノスタルジックなジオラマになじんでいるのが不思議
いろいろなレーダーやアンテナがすごい
造船所の中にある漁船は、同じキットを改造して古いデザインにした
操舵室を前後逆に取り付けた
バルバスバウも削る
戦艦大和にもあった、船を安定させる「バルバスバウ」

7

1

8

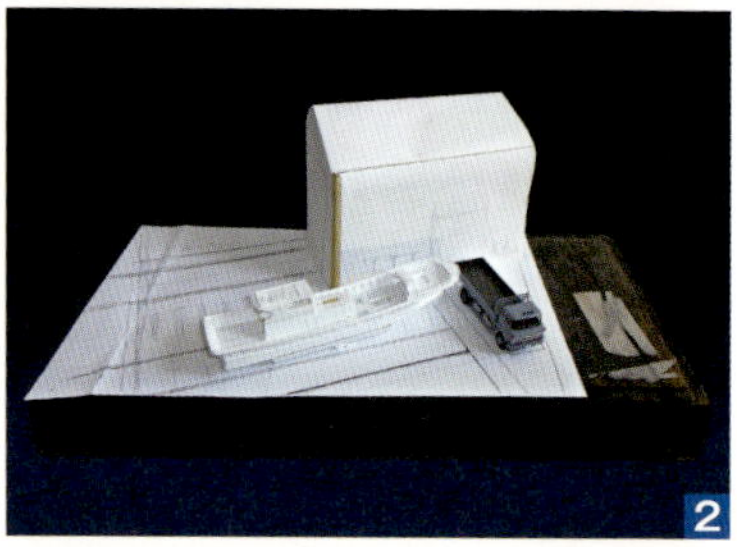

2

9

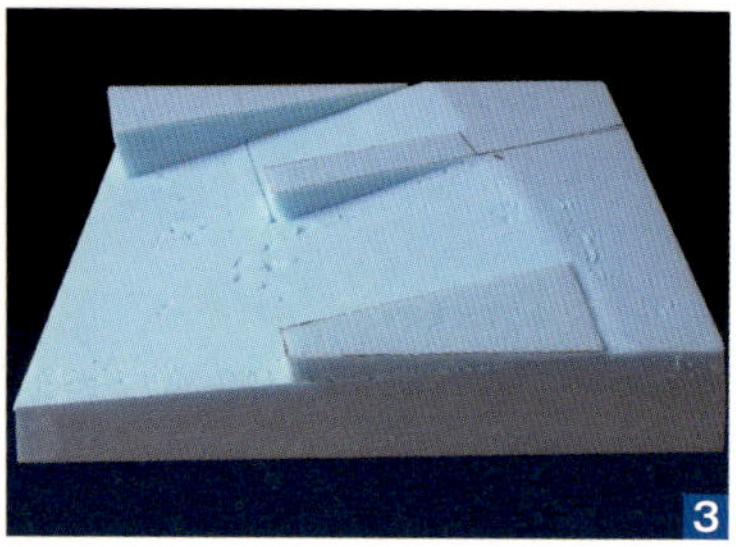

3

10

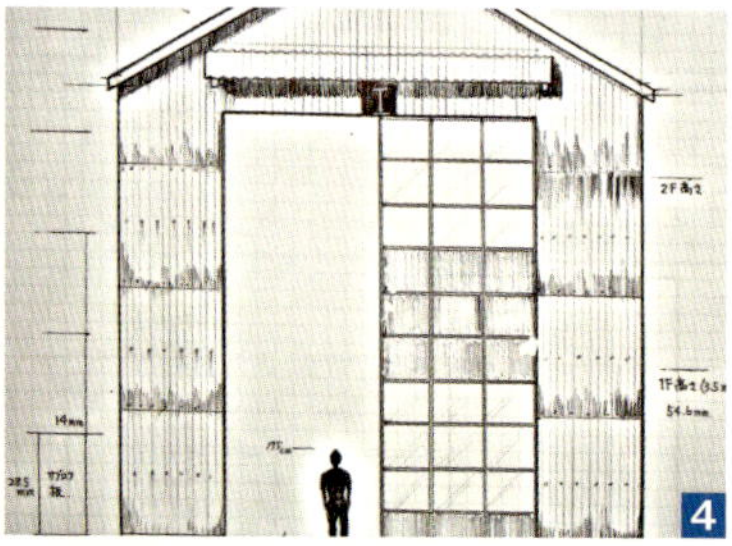

4

11

5

12

6

☛登場する、材料名、用具名は、P45〜「作る」の項で詳しく解説しています。

Detail

《情景❼》トタン壁の造船所

【 ベース工作編 】

1ヤフオクで探し出した、戦前の和菓子屋で使われていた木の箱。たまたま側面に書かれていた店の名前「藤後」(戦前なので反対から読み→本当は後藤)から名前をもらって「藤後造船」とした。2コピー用紙を使ってジオラマの構図を検討。箱のサイズを縮めることを決定。3スタイロフォームで基本形状を工作。

【 建物制作編 】

4造船所の図面。人の身長を170cmとして建物の寸法を設定した。5工場の建物は、「プラストラクト」社の断面H型の棒、波板(1/100スケール用)を多用して自作。塗装しやすいように、鉄骨と壁を分離できるように作る。6実際の光景にある「トタンを部分的に補修した跡」を、マスキングして塗り分けることで再現。7さらに筆で細かい錆を追加。アクリルのクリヤーオレンジが錆色の決め手。8パソコンで厚紙に印字した「藤後造船」を、デザインナイフで切り抜き、エアブラシ塗装で屋号を表記。

【 海面制作編 】

9波打ち際は、透明レジン(デプコンET)に、アクリルのクリヤーグリーン＆ブルーで着色したものを流し込む。10固まりかけの超粘度の時点で、つまようじを使って表面を何度かつつく。リアルなうねりが再現できる。

【 アクセサリー編 】

1112定番の、トミカのフォークリフトのミニカー。運転席を中心に、プラバンで細密に作り直していく。

「広める」

作ったジオラマ作品を「見てほしい」
と思うのは当然のことでしょう。
満足できるものができれば、
「自慢したい」という前向きな気持ちもあると共に、
「誰かに見てもらって感想を聞きたい」
という真摯な考えもあるでしょう。
この項では、私が経験してきた、
作品発表のさまざまな「広め方」を解説します。

SNSを最大限に活用する

誰もが気楽に、しかも無料で始められるSNS。
発表する最初の1歩として有効なうえ、
世界じゅうに自分の作品が伝わっていく可能性も秘めています。

Facebook

自分のHPのような感覚で利用できるツール。写真の投稿、コメントがいつでも修正でき、公開・非公開も選択可能。ジオラマ愛好家には、「写真アルバム」という機能が便利で管理しやすくオススメ。写真解像度もそこそこ高いものまでアップできる。私はこれを、「どこでも使える無料の保存用サーバー」と考え、作品の写真をこまめにアップしています。

自然災害国・日本においては、自分の作品や写真などが詰まった自宅が、ある日、一瞬でなくなってしまうことだってなきにしもあらず。もしそうなっても、せめて作品写真のデータでも残せれば、と、危機管理として使う意味でもあります。

もちろん、コミュニケーションツールとしても効果が高いです。海外からのアクセスも多いので、私の場合、作品写真を数多くアップしていたおかげもあって、海外からの取材や問い合わせも多くなりました。

Twitter

反応の早さと「拡散性」が高いのが特徴。作品がリツイートされたり、「お気に入り」としてクリックされるなど、反応結果が明確。投稿する文章が140文字以内であることや、投稿したら修正できないマイナス面があり、印象に残る言葉選びと、瞬時に目に留まる写真の投稿が重要。拡散力がある反面、反応も評価も一瞬のうちにタイムラインの彼方に流れてしまうデメリットも。

「拡散」を狙うには、より効果的な投稿のタイミングを考え、戦略的にツイートしていくのも大事なポイントです。

- ◉朝ー7〜9時（通勤通学時）
- ◉昼ー12〜13時（昼食のタイミング）
- ◉夕方ー17〜20時（帰宅時にチェック）
- ◉夜ー22〜24時（夕食後のまったりタイム）

私の作品が広く知られるようになったきっかけは、Twitterでの「リアルなゴミ捨て場のジオラマ写真」の拡散です。この投稿は、土曜日の朝7時16分。これは、TV番組「タモリ倶楽部」で、ジオラマ作家特集として出演依頼があり、収録時に説明用として写真をプリントアウトし、ついでにTwitterに投稿したのです。

午前10時からの番組収録中、マナーモードにしていたスマホがポケットの中で振動しっぱなし。何事があったのか？ と収録終了後にTwitterを見てみたら、5000近くもリツイートされていて驚きました。

あらゆる情報サイトで、作者はいったい何者か？ と名前で検索して、Facebookとブログにたどり着き、そこにアップされていた作品の写真もチョイスされた「まとめ記事」ができるなどして、さらに話題が増幅していったのです。

インスタグラム

写真メインのSNS。最近の芸能人関連のニュースで「インスタグラムに投稿された写真が

広める

話題に」と連呼される状況を見て、とりあえず使ってみました。投稿写真を、このアプリ上で簡単に、インスタントカメラ、トイカメラ、古い写真風などにエフェクト加工ができるので、投稿目的ではなく「写真加工ソフト」として利用する人も多いようです。Photoshopなどの写真加工ソフトを持っていなくとも、雰囲気のあるファッション誌のような写真に加工できるメリットがあります。ただ、私自身はまだ、インスタグラムでのコミュニケーションや作品発表のメリットは感じられていません。

Fg MG Tinami

これらは、プラモデルやガレージキットなど「自分の作品をアピールする」目的に特化した作品画像投稿サイト。撮影した写真を複数投稿し、創意工夫した点などの説明コメントを書き込める。また、見た側も、コメントを作品ごとに投稿できるので、作り方の質問を投げかけるなど、モデラー同士のコミュニケーションを図れる。またランキング形式になっているので客観的な評価もわかる。投稿目的ではなく、作品鑑賞として見るのもいい。

私は、Facebookや自分のブログを始める前に、「Fg」をよく利用していました。雑誌に掲載した作例で伝えきれなかった詳細などをアピールするのに最適でした。

ブログ

作品情報の管理や紹介はもちろん、検索で真っ先にたどり着く「連絡先」機能としても、やはり、ブログの活用は重要です。

SNSでは、タイムラインでの速い情報スピードや、反応を気にしてしまうなどの「SNS疲れ」で見なくなる人も多いのですが、個人ブログでは、マイペースで作品発表や製作過程の紹介ができるメリットがあります。

私のブログ「情景師アラーキーのジオラマでショー」は、あるイベントを通じて知り合ったガンプラモデラーの多くの方が自分のブログを持っていて、他のモデラーと交流を積極的に行なっていたことに刺激を受けて立ち上げました。

ほとんどのプロバイダーが、無料で使え、利用者同士のコミュニケーション機能、SNS連動機能などを充実させています。私は、ブログフォーマットのバリエーションが多く、カスタムしやすい利点から「F2C Blog」を使っています。

過去のさまざまな作品のHow toや模型関係の展示会の参加レポートなど、タイトルを細かく分類し見やすく管理しています。メールフォームがあることで、スパムメール対策と共に、仕事や取材の依頼がこちらから入るのも利点と言えます。

無料ブログは、「livedoor Blog」や、芸能人が多数やっている「アメーバブログ」などそれぞれ個性があるので、始める際には、特徴を下調べして始めましょう。

■Fg　http://www.fg-site.net/
■MG　http://www.modelers-g.jp//
■Tinam　http://www.tinami.com/

模型展示会

直接作品を見る&見せることができる作品展示会は、ジオラマ作品を作ったことがある人ならば、誰もが一度は参加してみたいと思うお祭りであり、最大の目標＝到達点と言えるでしょう。

ネットや雑誌で見て憧れていた人の作品が目の前でじっくりと鑑賞できる。その作り込みや塗装、サイズ感に驚愕することは、ジオラマ鑑賞の最高のごちそうです。

また、制作者本人と直接会話でき、知り得なかった情報を入手できることもあったり。逆に、見せる側としても、作品の反応を直接感じられ、モチベーションのアップに。

日本で最大の模型展示会は、毎年5月に静岡市で開催される「静岡ホビーショー・全国モデラーズクラブ合同展示会」です。私はこのイベントに、最初2つの模型サークルから参加し、最終的に自分のサークルを立ち上げて、ジオラマを展示していました。

参加のきっかけは、SNSで知り合った模型仲間からの誘いでした。それまで見る立場だった自分が見せる立場に替わることで、得られた財産は大きかったと思います。写真での作品発信は、写真術でリカバリーできるのですが、目の肥えた凄腕のモデラーも多くいる中で作品を見られることがどんなに貴重な体験であるか気付くのです。

「実物を見たら写真よりもショボかった」と言われるかもしれない……。その緊張感は、確実にスキルアップにつながることでしょう。

参加するには、SNSで知り合った模型仲間が入っているサークルなど、すでにある団体に所属するのが最初の1歩になります。やがて、気の合う仲間とサークルを立ち上げて、独自の趣旨で展示したり、やがて、サークル単独の展示会を開いたりと、夢は膨らみます。

年齢、性別、国籍に垣根がなく、誰もが「子供のような笑顔になる」模型という共通の趣味を持ったことに喜びを感じる、そんな素敵な場所なのです。

模型を通じて知り合った仲間は、一生の友だち。

《情景❽》

オール・イン・ザ・ボックス

パンサー、それは俊敏な肉食動物。
そんなニックネーム持った彼は、
ドイツ軍最強のハンター。
しかし、ただの1度も狩りに行かせてもらえず、
〝釣り〟担当に格下げされちまった。
何の話かって？
あの、75㎜砲を携えた砲塔の代わりに、
こんな醜い箱を載っけられた、
この戦車回収車のことさ！
また、箱の中でオイルまみれになって
ウィンチを操作するハンスの、
いつもの話が始まった……。

iPhone 6で撮影

Close Up

《情景❽》オール・イン・ザ・ボックス

戦車が戦車を押して吊って運ぶ。

1

4

2

3

7

5

8

6

1タミヤの1/48スケール・ドイツパンサーG型をベースにして、戦車回収車に改造。被弾した戦車を修理するために牽引する「働く戦車」。
2**3****4**道端に放置された砲弾箱、雑草、地面、石垣、ツタ、電柱、標識。これらはすべて「プラモデルの余り物」からできている!?
5**7**戦車回収車の魅力は、覗くと見える操縦席や、巨大なウインチ。これらはもちろんキットには入っていないので、すべて自作しなければならない。
6**8**外部に装着されている工具類は、取り付け金具を細かくディテールアップ。砲塔の代わりに装着された四角い箱は、本物の車両では防弾にならない木の板。

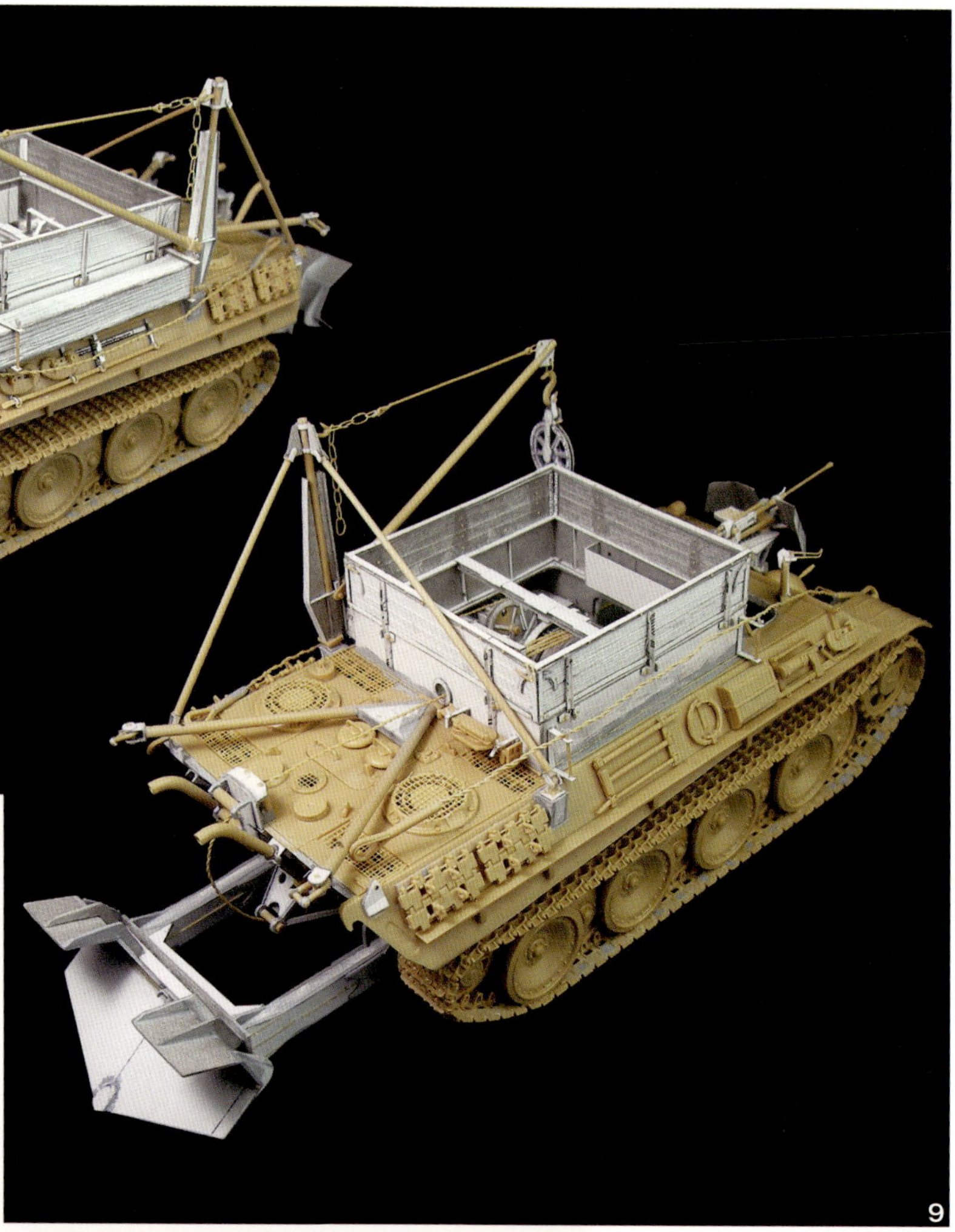

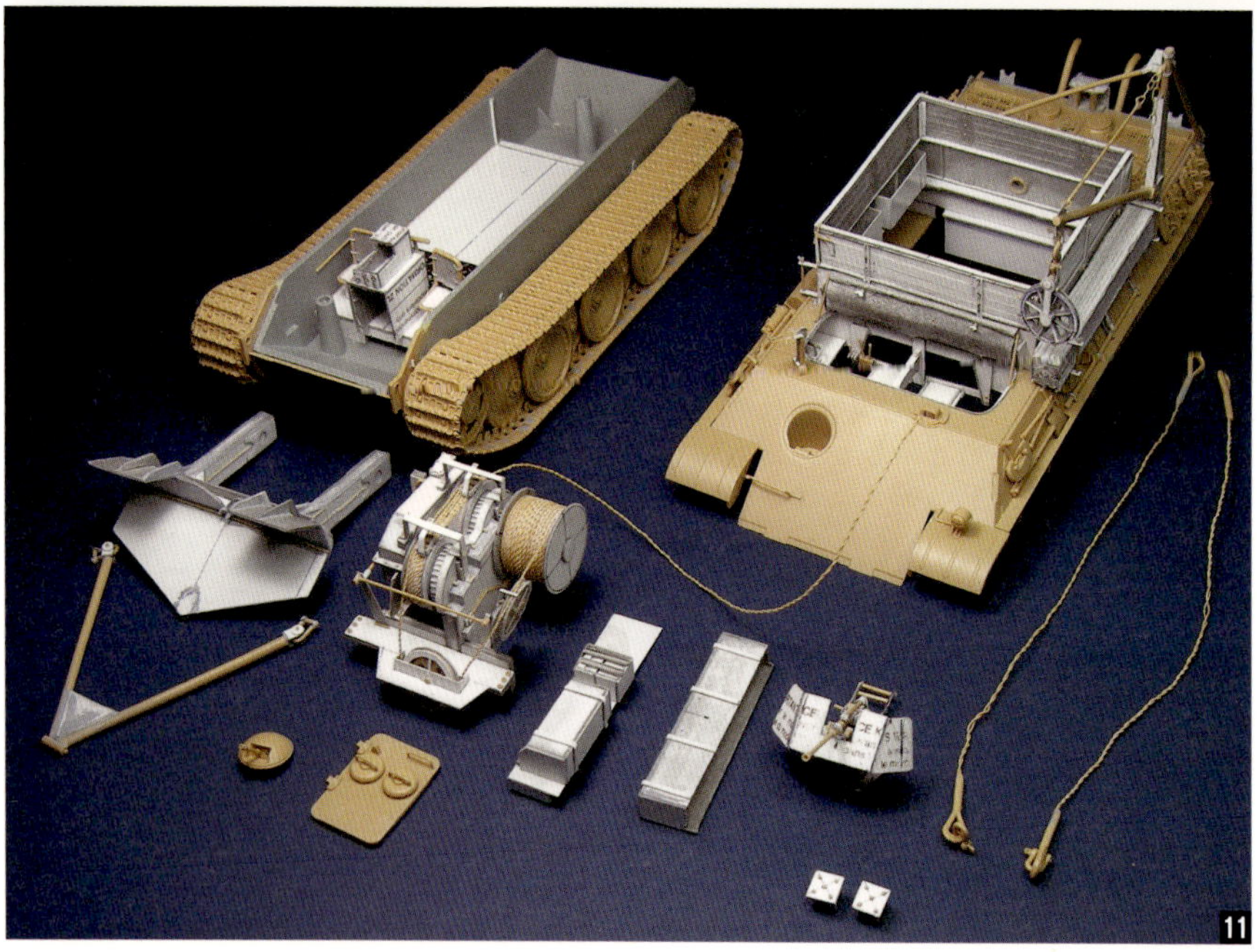

9 写真の白っぽい部分が、自作した改造パーツ。表面が白くて、内側がグレーなのはすべて「紙」だから。しかも、材料はプラモデルの箱の紙！
10 この回収車の最大の魅力は、複雑な形状をしたウィンチ。白い部分は紙製、そして黄土色の部分はプラモデルの部品が付いた枠＝「ランナー」から作った。
11 普通のプラモデル制作において、改造＆新造しなければならない部品は、プラモデルメーカーが販売しているパーツや、模型店やホームセンターで手に入る、プラ板やプラ棒、金属ワイヤー、真鍮線など、気楽に購入して制作に没頭できる。だが、この作品では「すべてプラモデルの箱の中から探さねばならない」のだ……!?

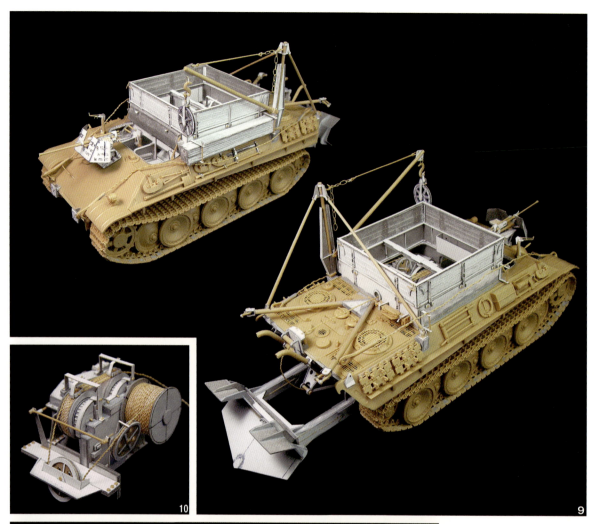

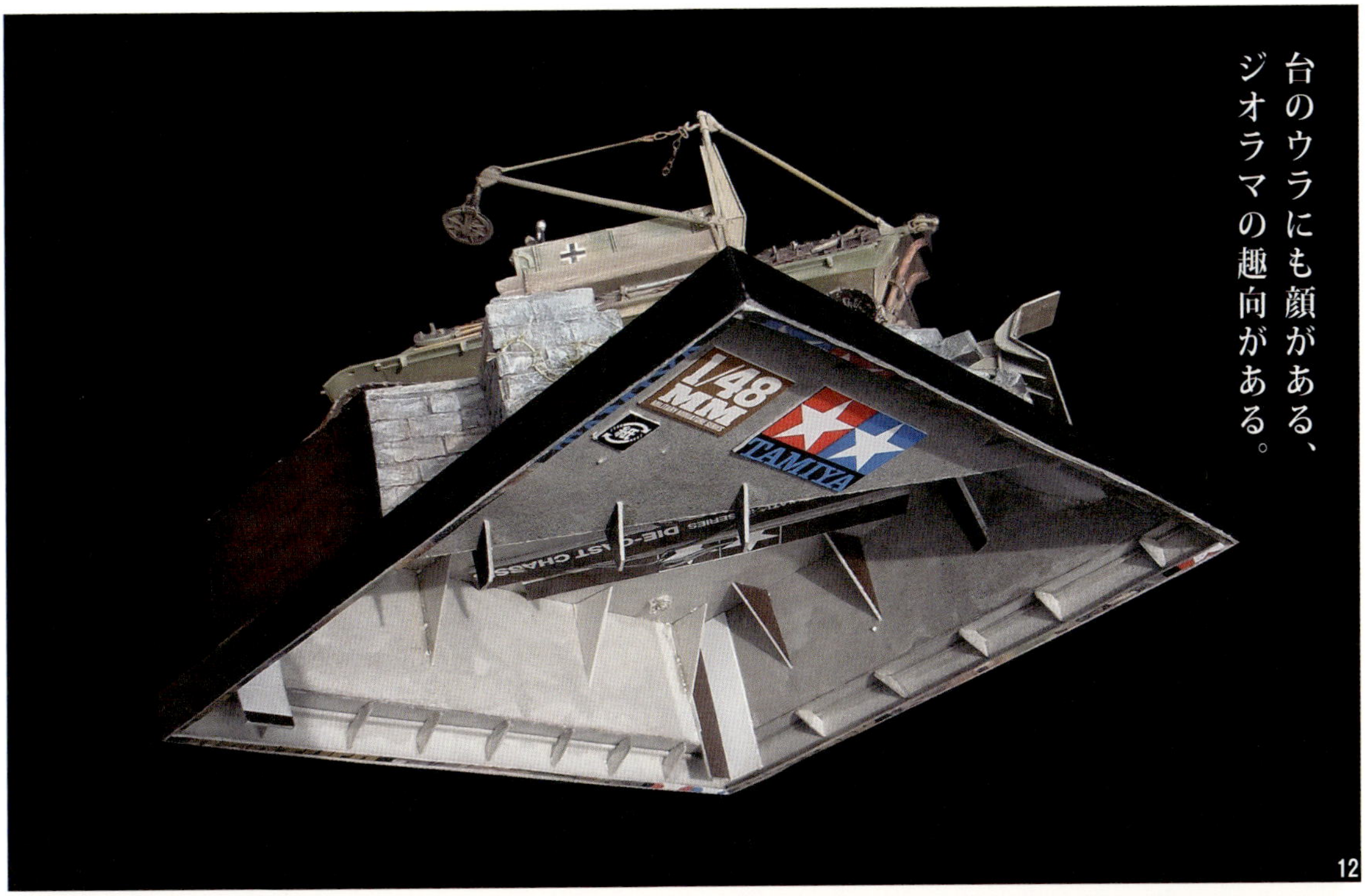

台のウラにも顔がある、
ジオラマの趣向がある。

12

13

12 13 この写真はいったい何を表しているのか？　この項を最初から読んでいた人にようやくタネ明かし。「オール・イン・ザ・ボックス」とは、「プラモデルの箱の中のものだけでジオラマすべてを作り出す」という手法。ということはつまり、このジオラマベースも、パンサーG型のプラモデルの外箱を使って作り出しているということだ。限られた材料、そして強度を出すための工夫が随所に。ジオラマの裏まで作品の一部である!?　この「オール・イン・ザ・ボックス」という主旨においては、厳しい縛りを設け、その範囲内でどうジオラマを再現するかが腕の見せ所なのだ。

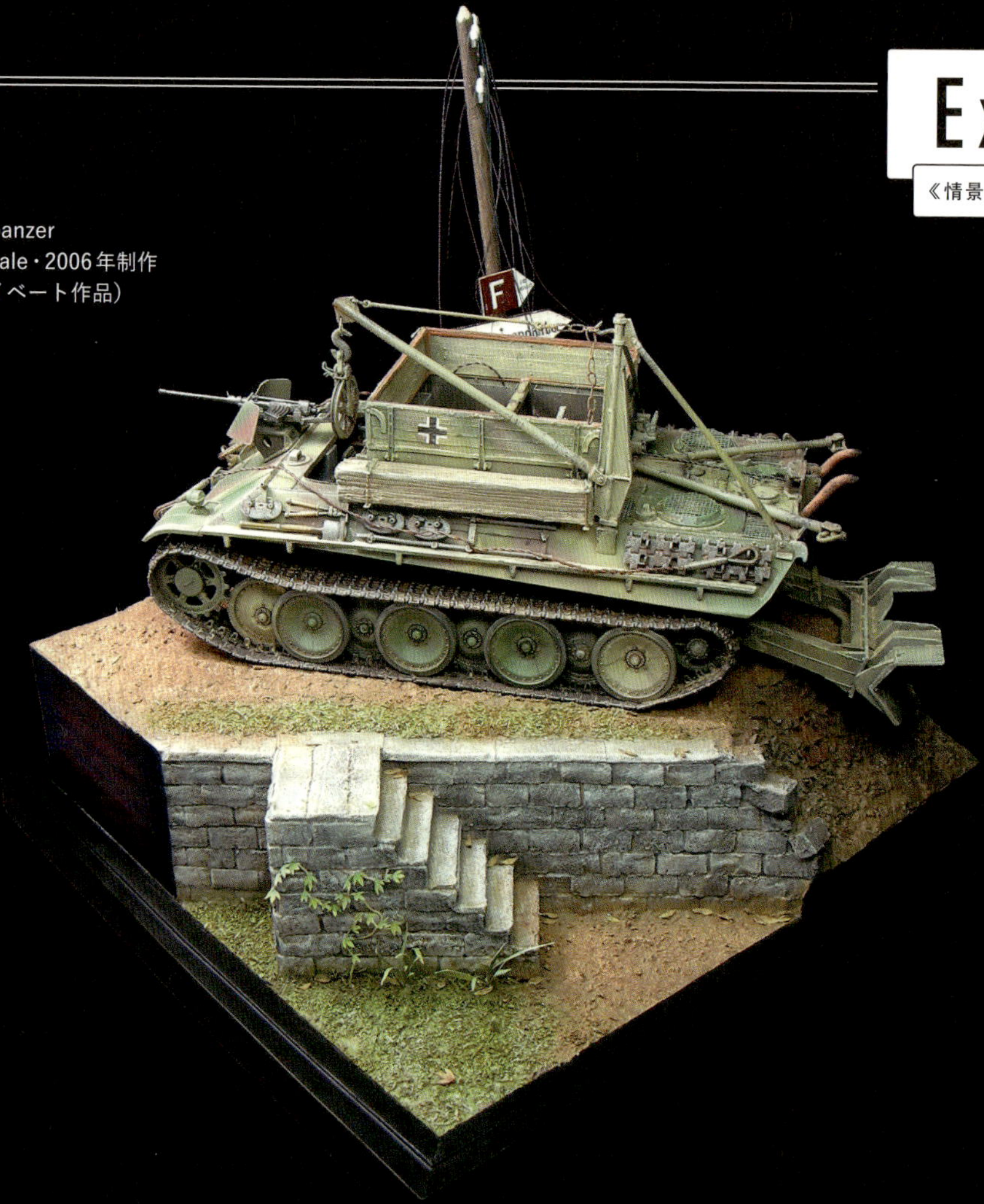

Bergepanzer
1/48scale・2006年制作
（プライベート作品）

この作品は、「すべてプラモデルの箱の中の材料」でできています。タイトル「All in the box」は、東京・荻窪の模型店「キヤホビー」で毎年開催している戦車模型コンテストの、1つの部門名でした。

凄腕のモデラーが集まるこのコンテストにおいて、この部門は当初、「改造の必要はありません。箱の中のものだけで（つまりストレートに組み立てて）気楽に参加してください」という、初心者向けに門戸を開いたものでした。

ところがそれを、私が「頓智のような面白さ！」と拡大解釈して独自に楽しんでしまったのが、「All in the box」というこの作品が誕生したきっかけです。

限られた材料、しかも基本的には「紙とランナー（プラモデルの部品が付いているプラスチック枠）」しか残らない箱の中。究極の材料管理と応用能力が求められる、「ジオラマの最高技術」といっても過言ではないでしょう。

プラスチックを鉄に見せる塗装技術以上に、プラモデルの箱の紙を、鉄や木、そして泥などに見せるという行為。ジオラマ制作は作業行程が多く、完成するまでに飽きてしまう人が多いので、いかに効率的に仕上げられるかが大事。値段は高いけれど便利な材料や道具を手に入れ、いい意味で「手を抜く」必要があります。「作る楽しみとはいったい何か？」をあらためて考えさせられる作品作りとなりました。

« 5 SIDE VIEW »

TOP

D 166mm

W 185mm

RIGHT

H 175mm

FRONT

LEFT

BACK

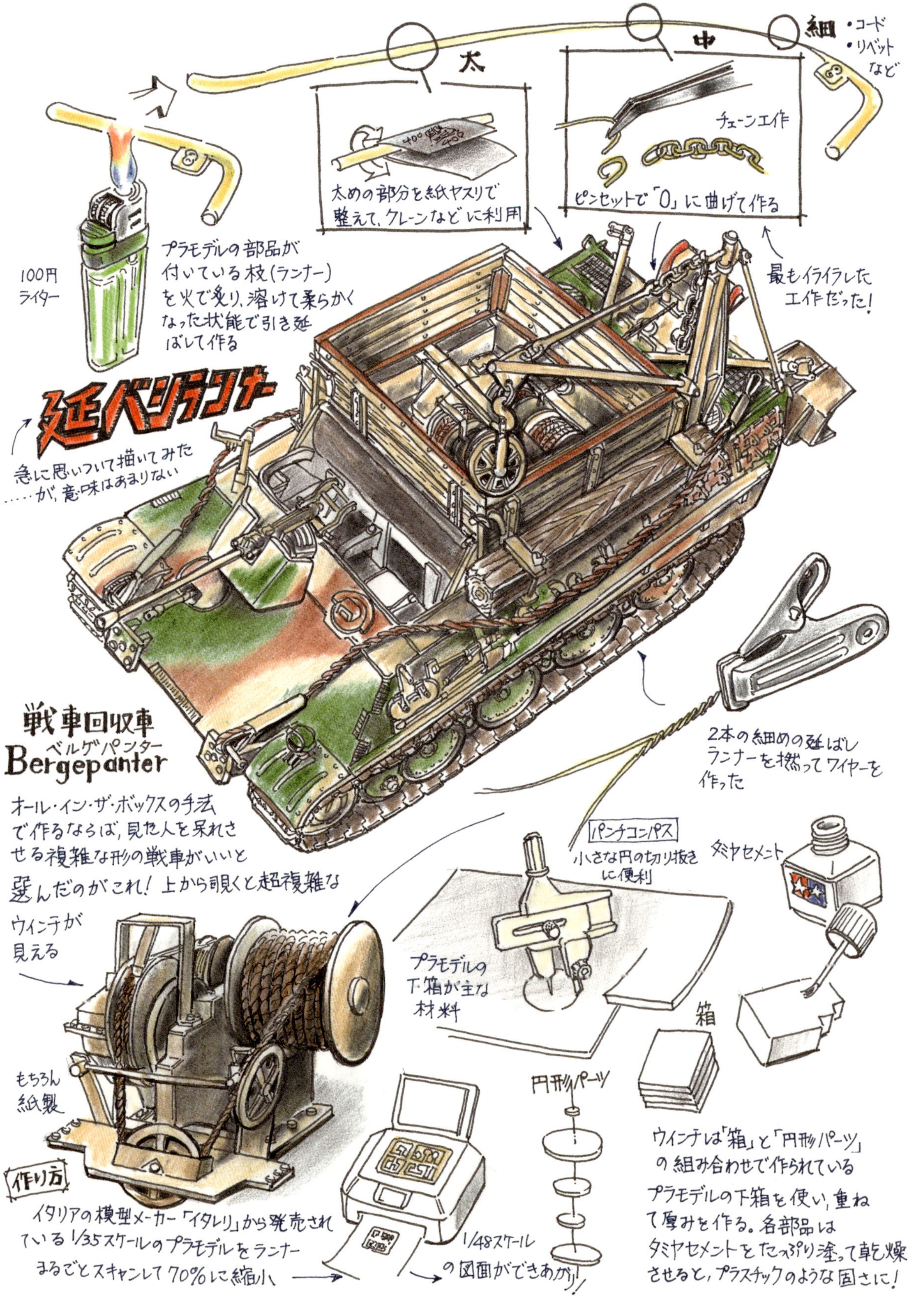

太
中
細
・コード
・リベット
など
太めの部分を紙ヤスリで
整えて、クレーンなどに利用
チェーン工作
ピンセットで「0」に曲げて作る
100円
ライター
プラモデルの部品が
付いている枝（ランナー）
を火で炙り、溶けて柔らかく
なった状態で引き延
ばして作る
最もイライラした
工作だった！
延バシランナー
急に思いついて描いてみた
……が、意味はあまりない
戦車回収車
Bergepanter《ベルゲパンター》
オール・イン・ザ・ボックスの手法
で作るならば、見た人を呆れさ
せる複雑な形の戦車がいいと
選んだのがこれ！ 上から覗くと超複雑な
ウィンチが
見える
2本の細めの延ばし
ランナーを撚ってワイヤーを
作った
パンチコンパス
小さな円の切り抜き
に便利
タミヤセメント
プラモデルの
下箱が主な
材料
箱
もちろん
紙製
円形パーツ
ウィンチは「箱」と「円形パーツ」
の組み合わせで作られている
プラモデルの下箱を使い、重ね
て厚みを作る。各部品は
タミヤセメントをたっぷり塗って乾燥
させると、プラスチックのような固さに！
作り方
イタリアの模型メーカー「イタレリ」から発売され
ている1/35スケールのプラモデルをランナー
まるごとスキャンして70％に縮小
1/48スケール
の図面ができあがり！

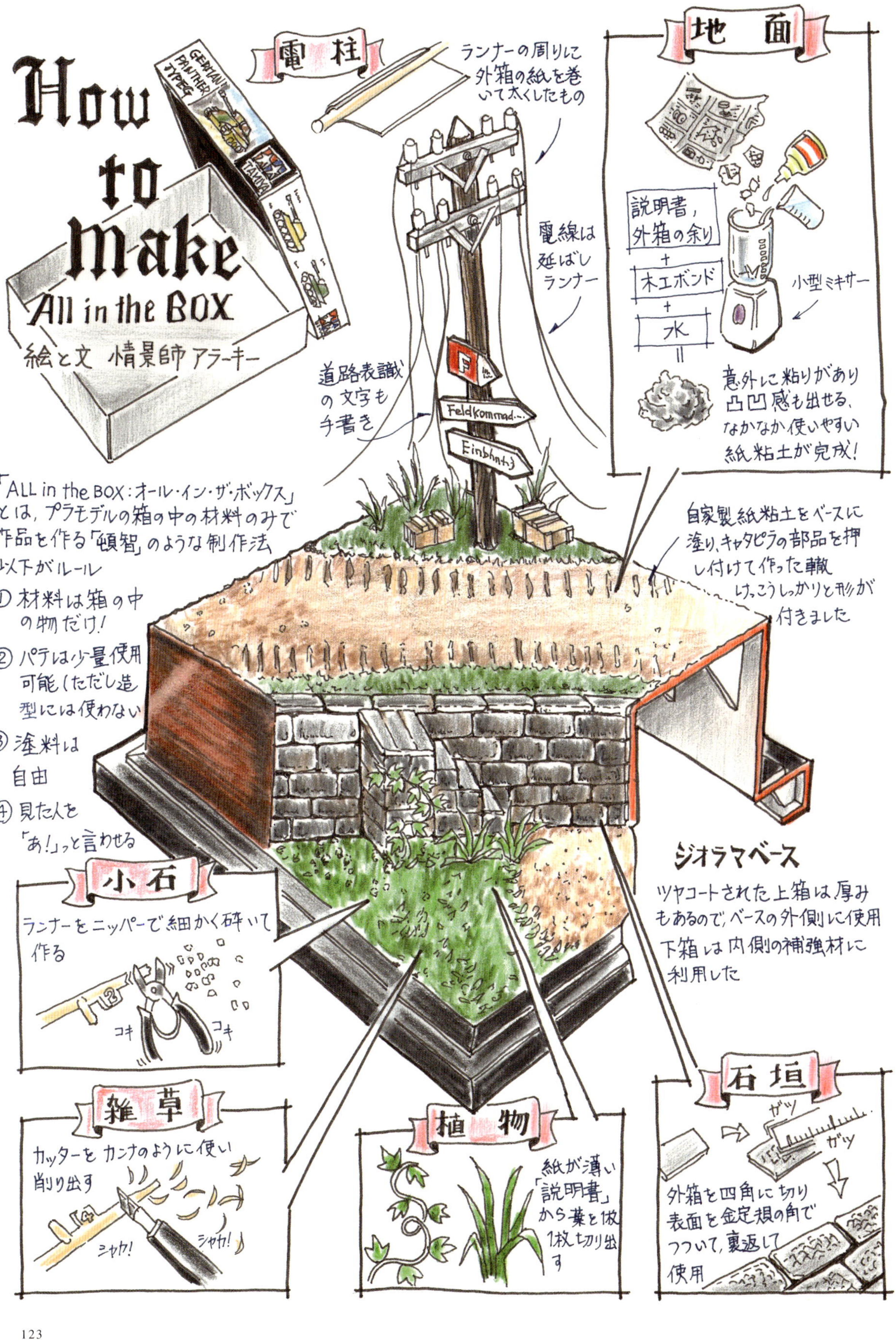
How to Make
All in the BOX
絵と文 情景師アラーキー
GERMAN PANTHER TYPE G
TAMIYA
「ALL in the BOX：オール・イン・ザ・ボックス」とは，プラモデルの箱の中の材料のみで作品を作る「頓智」のような制作法
以下がルール
① 材料は箱の中の物だけ！
② パテは少量使用可能（ただし造型には使わない
③ 塗料は自由
④ 見た人を「あ！」っと言わせる
電柱
ランナーの周りに外箱の紙を巻いて太くしたもの
電線は延ばしランナー
道路表識の文字も手書き
Feldkommad…
Einbhn…
地面
説明書，外箱の余り
＋
木工ボンド
＋
水
＝
小型ミキサー
意外に粘りがあり凸凹感も出せる，なかなか使いやすい紙粘土が完成！
自家製紙粘土をベースに塗り，キャタピラの部品を押し付けて作った轍
けっこうしっかりと形が付きました
ジオラマベース
ツヤコートされた上箱は厚みもあるので，ベースの外側に使用
下箱は内側の補強材に利用した
小石
ランナーをニッパーで細かく砕いて作る
コキ
コキ
雑草
カッターを カンナのように使い削り出す
シャカ！
シャカ！
植物
紙が薄い「説明書」から葉を1枚1枚切り出す
石垣
ガッ
ガッ
外箱を四角に切り表面を金定規の角でつついて，裏返して使用

Detail

《情景❽》オール・イン・ザ・ボックス

7

1

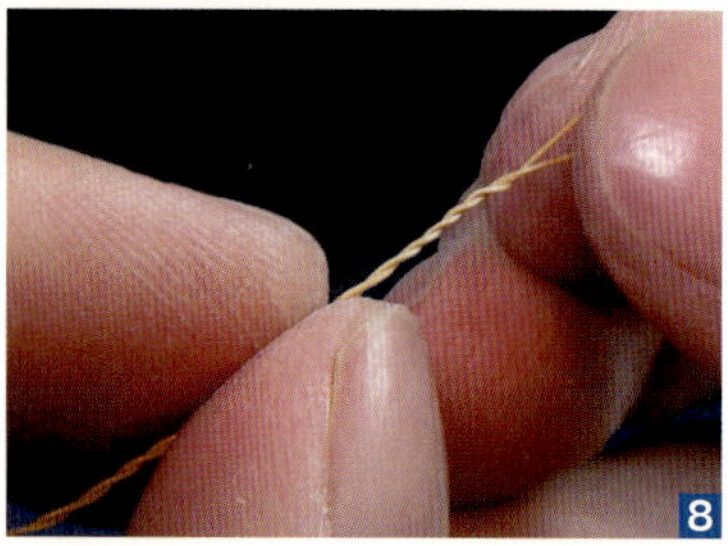

8

2

9

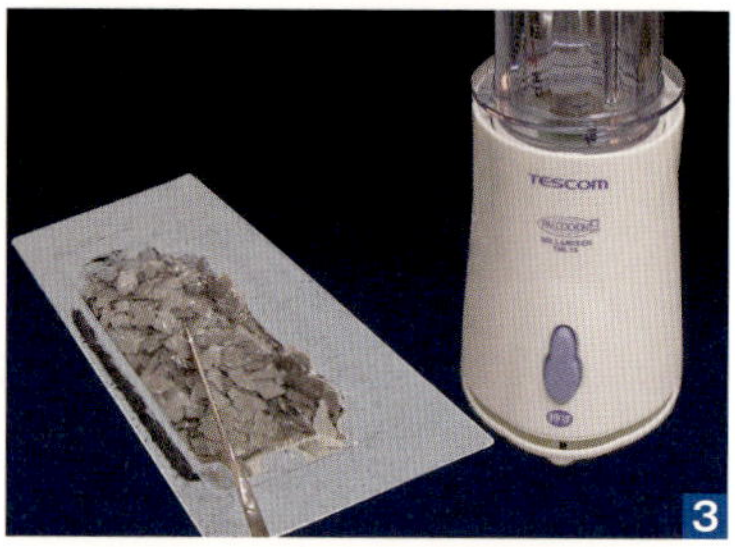

3

10

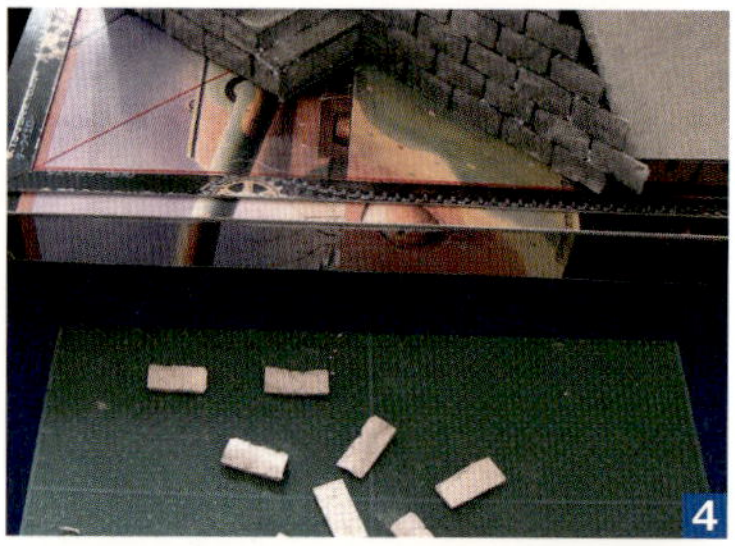

4

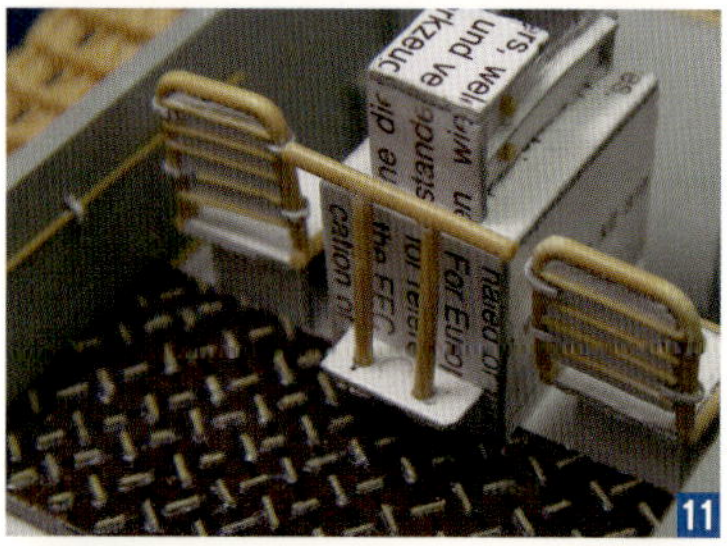

11

5

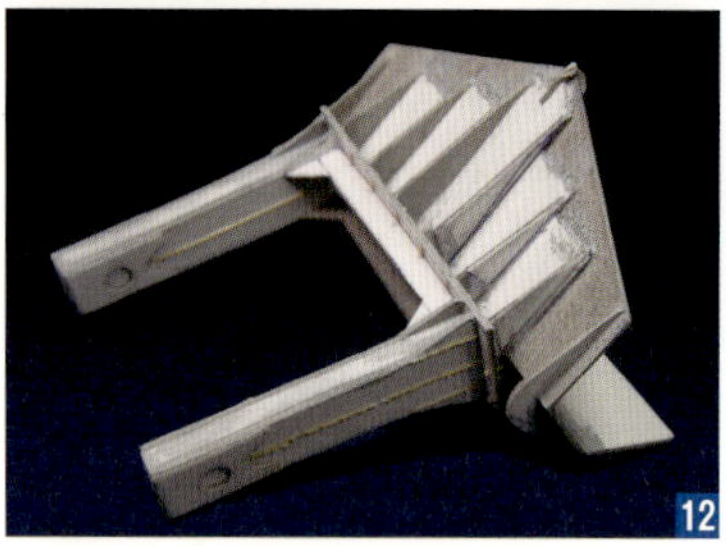

12

6

【 ベース工作編 】

1ジオラマベースは、表面にコーティングが施された、上質な堅い外箱を使用。最初に、箱と同じ大きさにカットしたコピー用紙で、材料取りの展開図をシミュレーションしてから挑んだ。**2** **3**最も悩んだ「土」の表現は、箱を細かくちぎり、水でふやかしてからミキサーで撹拌。そこに木工ボンドを入れたお手製の紙粘土を作る。かなりいい感じに。**4**石垣は、手でしごいた紙を短冊状にカットして積み上げていった。**5**道の小石は、ランナーをニッパーで細かくカットして粒状にしたもの。**6**道端の下草は、カッターで鉛筆を削るように削ったランナーを使用。**7**ジオラマの台は、ニス仕上げの重厚な感じに見えるように、エアブラシで塗装。石組み、泥、草を塗り分けると、元の素材が何かわからないほど変わる。

【 車輌改造工作編 】

8ワイヤーは、ランナーを火であぶって引き延ばす「延ばしランナー」を2本使い、手で撚っていく。**9**メッシュは、延ばしランナーを等ピッチになるように並べ、流し込み接着剤で固定。**10**チェーンは最も骨が折れた部分。これも延ばしランナーで超ミクロな工作。**11**鉄板の滑り止めのパターンも、延ばしランナーで。**12**紙工作には、ゼリー状瞬間接着剤を使用。仕上げにタミヤセメントをしっかりとしみ込ませるように塗布するとプラスチックのような強度と質感になり、ヤスリがけも可能だ。

☛登場する、材料名、用具名は、P45～「作る」の項で詳しく解説しています。

どうやって作るの？ そこに応えたい気持ち

僕がプラモデルを好きになったのは小学校に入った1967年、『タミヤニュース』創刊の年だ。「ジオラマ」にも目覚めていったのは、その5年後。金沢市内の模型店で初めて見た「戦車のプラモデルが作られた地面に乗っている」という、今や意識すらしない当たり前の事象から受けた異次元感の衝撃は今も記憶に残っている。

そこから時を経ること45年。荒木さんの作品において、ジオラマの精度は「人間が手で生み出せる極限」に近づいているような気がする。

荒木さん初の著書『凄い！ジオラマ』（2015年）を、僕がプロデュース・編集するきっかけとなった「指入りのゴミ捨て場」写真。ネットで見た瞬間の脳内ひとりごと、「なんだこれは！ いったいどうやって作るの？……」。少しでもプラモデルをかじったことがある人なら同じように思ったことだろう。そう、それがジャンルを問わず「作りたい」人のプリミティブな思考。

僕は、中学生で興味がとっちらかってしまい「ジオラマ道」を極めずに大人になったが、やめるまでは手探りで作っていた。ネットのない時代、子供でお金も使えない、頼る資料といえば、タミヤが出していたジオラマの写真冊子『パチッ！』や『タミヤニュース』ぐらい。上級者の作品を見続けては、ここはどうやってるんだ？ と想像してみる。地面の色をどうしようかと家の中をうろうろしてインスタントコーヒーだと閃いたり。

当時はみんなそうやって工夫していたし、今だって根源は同じなんだと、荒木さんがここで公開した手法を読んでわかった。つまりは、「工夫」なのである。みんなと同じというレベルから頭ひとつ抜け出す人は、オリジナルなやり方を生み出す。

とはいえ、何のとっかかりもなければ、工夫にたどりつけなかったりする。一流のスポーツ選手の練習法でも、基礎を知った上にオリジナルを蓄積させていく。そういう観点から、「どうやって作るの？」に応えたい気持ちで荒木さんが披露したノウハウは、モデラーにとって貴重な情報になる。ただし、究極の技術レベルとわかった上であえて言っておきたい。荒木さんのワザは読んだ人のオリジナリティへの「踏み台」である、と。

「こんな凄いのムリ！」と言いたくなるかもしれないけど、ジオラマの楽しみ方は「勝ち負け」じゃない。リアルさでは相対的にレベルが違っていても、自分なりの手法を見つけ出すとか、個としての絶対的なレベルアップを楽しんでいければいい。それこそが「作る！」喜びの本質なのだから。

石黒謙吾（著述家・編集者）

［50音順］

ジオラマ用語集

【印画紙】

ジオラマで使う看板やポスターの印刷物を、家庭用プリンターでプリントする際に使う、表面に光沢がある写真印刷用紙。私は、CANONのインクジェットプリンターMG7130を使用。家庭用プリンターでもかなり高精度の印刷が可能。現在の商品として多いのは「光沢紙」。


【エッチングパーツ】

プラモデルキットに入っている、ステンレスや真鍮の薄い板を用いた緻密な金属部品。フォトエッチング法を用い、マスキングした部分以外を腐食させて凹面を成型する。機械加工やプレス方法で制作するよりも細かい部品が作れる。ホームセンターに売っているエッチングのセットで、自分でも作れる。


【ガレージキット】

金型を使って生産するタイプのプラモデルに対して、原型を直接シリコンゴムで型取りし、2液混合で固まる素材（レジンキャスト）で制作・販売された、組み立て式模型。北米などで、凄腕モデラーがガレージで模型を自作することから名付けられた（諸説あり）。


【ケガキ】

先の尖った道具で、ひっかき傷を付けて彫る手法。スチレンボードに彫刻する際は、ケガキ手法で素材を傷付けて（凹ませて）形を作る。


【コルクブロック】

コルク材をブロック状にカットした製品。また、接着剤でコルク屑を固めて着色した材料も売られており、その断面の風合いがいいので、私のジオラマではよく使っている。作品「西瓜の夏」の断面（P62）がそれ。


【ジオラマ】

フランス人の写真家、ルイ・ジャック・ダンケ・マケールが、19世紀初頭に生みだした、写真をいくつも重ねて、正面から立体的に見せる手法。明治の初めに日本に入ってきて、浅草に「ヂオラマ館」という娯楽施設ができて話題に。フランス語の発音っぽい「ディオラマ」や、英語の発音的な「ダイオラマ」と表記することもあるが、私は、ノスタルジックな響きのあるジオラマが好き。鉄道模型の世界では「レイアウト」と呼ぶ。


【スジ彫り】

現物の工業製品で、部材同士の合わせ目などのラインをシャープに出すように彫刻する手法。ガンプラや飛行機模型を作る際に多用する。主に、Pカッターや細密ノコギリなどで、幅は細く、深さはハッキリと削ることが大切。


【スタティックグラス】

数種類の緑色に着色したナイロン製の短い毛で、ジオラマの雑草表現に使用する。古いジオラマモデラーは「バーリンデングラス」とも呼んでいるが、それは、デンマークのプロモデラー、フランソワ・バーリンデンが販売していたことから。


【ディテールアップ】

プラモデル製品においては、形状が金型から外せないなどの理由で、現物にはあるのにやむなくキットから省略されてしまった部分がある。それを追加したり、作り直したり、強度アップのため金属に置き換えたりする工作のこと。誰も気づかない部分や、完成後には見えなくなる部分まで手を入れ始めると「病気」と判断されるが、残念ながら治る病ではない……。


【溶きパテ】

タミヤパテをラッカーシンナーで希釈したもの。流し込んで隙間を埋めたり、模型の表面にゴツゴツした表情を付けたりするのに使う。また、これをティッシュに塗布して布を再現する手法を、ジオラマでは多用する。

【ドライブラシ】

模型用塗料をわずかに付けた筆を、模型の表面にこすりつけるようにして塗り、表面の細かいパーツを浮かび上がらせる塗装技法。下地に塗った基本色をわずかに明るくした塗料を使う。紙の上で少し乾燥させたり、筆に付けたそれをティッシュで拭き取ったりして、部品のエッジに色が乗るようにこすり付ける。


【発泡ウレタン】

壁の内側に張る断熱用の建築素材で、発泡スチロールのようなもの。堅くキメ細かいので、ジオラマの地部分に最適。加工時にかなりの粉が出るので、掃除機を横に置いて作業する。


【100円ショップ】

あなどれない、素材探しの宝島。最近ではドールハウス（約1／12スケール）用の材料も扱っている。ダイソー、キャンドゥ、セリア、それぞれ独自で商品開発しているので、各店舗をマメに回ることがジオラマビルダーにとっては日課となっている！


【ピグメント】

模型に最適な色に調合したパステルの粉。主に「MIG Production」ブランドの物が有名。砂漠の砂の色、欧州の土の色、ベトナムの赤土などその土地特有の土ホコリをリアルに再現している。アクリル溶剤で溶いて塗布する。


【フルスクラッチ】

プラ板や紙、金属などからすべてを自作する制作方法がフルスクラッチビルド。タミヤのプラ板だけを使い、他の部品をいっさい使用せずに制作し、「真っ白なかたまり」状態の写真を公開することは、モデラーとして最高の栄誉であり、変態行為である。その苦労も、サーフェイサーを吹いた際にすべて元の素材がわからなくなってしまうので、急に寂しさを覚える。


【プラストラクト】

アメリカの建築模型用プラスチックパーツを販売するメーカー。トタン状に成型された板やトラス部品など、重宝する部材が各種スケールで豊富に揃っている。大型模型店と楽天でネット通販されている。カタログは必見！


【ベース】

ジオラマにおいて、作られた作品をより魅力的にする台のこと。絵画における「額縁」に相当するもので、ベースの大きさ、高さ、色などが、作品の「映え方」に大きく影響する重要なアイテム。私は、まずベース選びに時間をかけ、主にアンティークショップやヤフオクなどで見つける。いいベースが見つかるとそれだけで50%は完成した感覚に。


【水溶きボンド】

流し込みやすくするため、木工用ボンドを水で希釈した状態のこと。「ボンド7対3水」の割合で、注射器のポンプ（インジェクター）を使い、地面の砂の固定など、流し込み接着を。表面張力で弾くのを防ぐため、家庭用皿洗い洗剤をほんの少し入れるといい。


【モデリングペースト】

リキテックス社のアクリル絵の具用盛り上げ材。石膏をペースト状にしたもので、油絵のような荒々しい筆跡を残せる。伸びもよく乾いたあとに粘りが出て、ひび割れしないので、石膏代わりとして、ジオラマ用の地面や建物の表面を調整する際に多用する。


【汚し塗装】

日光による塗装の日焼け、雨だれ、錆、苔など、経年変化を再現する塗装技法。エイジング塗装とも表現される。より自然に見える調色技術やグラデーション塗装など、ジオラマで最も腕の見せ所と言えるポイント。やり過ぎると「汚れ」塗装になってしまうので、そのさじ加減が難しい。

■ピグメント http://mtake.sakura.ne.jp/migproductions/sub_mppig.htm
■プラストラクト http://www.jema.co.jp

STAFF

■ジオラマ・撮影・イラスト・構成・文
荒木智（情景師アラーキー）

■プロデュース・構成・編集
石黒謙吾

■デザイン
穴田淳子（a mole design room）

■編 集
渡会拓哉（誠文堂新光社）

■制 作
（有）ブルー・オレンジ・スタジアム

［ 協 力 ］
雑誌『モデル・カーズ』（ネコ・パブリッシング）
雑誌『パンツァーグラフ！』〈休刊〉（モデルアート社）

［ スペシャルサンクス ］
ジオラマ作家としての同志、MASATOに捧げる

PROFILE

情景師アラーキー／荒木智（あらき・さとし）
1969年東京生まれ、東京都在住。
幼少の頃に母親に教わった「箱庭づくり」と、特撮映画の影響で模型に興味を持ち、プラモデル三昧の少年時代を過ごす。中学時代に本格的に始めたジオラマ作りにハマり、各種模型コンテストに出品し腕を磨く。ものづくりの楽しさを生業とすることを決心し、大学では工業デザインを学ぶ。家電メーカーにプロダクトデザイナーとして入社し、サラリーマン作家として活動を続ける。30代前半でのコンテスト受賞をきっかけに、各種模型雑誌からの依頼を受けジオラマ作品を多数発表。2014年にネットで拡散した作品が、さらにテレビなどメディアで大きな反響を呼ぶ。2015年には、初の著書『凄い！ ジオラマ』が話題に。同年にフリーとなり、ジオラマの世界で幅広く活躍中。

▶ Blog［情景師アラーキーのジオラマでショー］
http://arakichi.blog.fc2.com/

作《つく》る！ 超《ちょう》リアルなジオラマ
材料探《ざいりょうさが》しから作品発信《さくひんはっしん》まで完全《かんぜん》マスター

NDC507.9

2016年8月11日 発 行
2021年11月15日 第7刷

著 者 情景師《じょうけいし》アラーキー
発行者 小川雄一
発行所 株式会社 誠文堂新光社
〒113-0033 東京都文京区本郷3-3-11
電話03-5800-5780
https://www.seibundo-shinkosha.net/

印刷所 株式会社 大熊整美堂
製本所 和光堂 株式会社

ISBN978-4-416-71609-0